仕事の80%は人間関係で決まる

ムカつく上司と
イラつく部下がいる職場が
天国になる神業

佐藤康行

アイジーエー出版

※本書は二〇〇七年四月に小社より刊行された
『大丈夫！みんなあなたのことが好き』を改題・一部修正したものです。

プロローグ

「できるって言ったのはオマエじゃないか！」

容赦ない上司の叱責が、肩をガチガチに硬直させ、ひたすらあやまり続ける彼に烈火のごとく浴びせられる。

数日前、上司から依頼された仕事に「はい。かしこまりました」、そう言って引き受けたものの、期日までに仕上がらなかったのだ。

うな垂れた背中から、瞬く間に紅潮する彼の頬がのぞく。

そんなとき、上司に向かって逆恨みし、「何をエラそうに言いやがって！　無理難題を押し付けるからだ！」と相手を責めて、食ってかかるくらいならまだマシだった。

非情な言い方を徹底的にされても、彼は上司を責めず、自分を責めた。

「なんてオレは駄目なんだ……」彼は、激しく落ち込むのであった。

彼は苦しんでいた。彼の名は、小野辰男さん。

小野さんを苦しませていたのは「職場の人間関係」の悩みである。やり場もなく抑え込まれた憤りは、強烈なストレスとなり、彼の心を蝕《むしば》んでいった。

大手金融会社に就職して九年。三二歳。七年前に結婚した一つ年下の奥さんとの間には、五歳の息子が一人。どこにでもいる、真面目で健全なイメージのごく普通のサラリーマンである。

小野さんの職場の支社には五〇人くらいの従業員がいる。トップの支社長の下、中間管理職、外回りをする営業担当のスタッフ、そして、事務スタッフがいる。そこが彼の配属場所だった。

その事務所の中を統括する課長がいて、小野さんのような一担当者と、女性の一般職がいる。

その支社の管轄のもとに、二〇カ所ほどの営業所がある。小野さんは、その営業所からのさまざまな要望に応えていくのが仕事だった。

小野さんが苦しんでいたのは、社員同士の「人間関係のもつれ」である。

彼が対応するそれぞれの営業所は、同じ社内とはいえ、競い合う意味では利害がぶつかる。その狭間に立たされて小野さんは、自分を見失ってしまった。

例えば、AさんとBさんの利害がぶつかる中に入る。Aさんを支持すれば、Bさんは浮かばれない、その逆も同じだ。

小野さんの性格は、Aさんにもいい顔をし、Bさんにもいい顔をする、いわゆる「八方美人」。この性格が邪魔をして問題の解決に至らなかったのだ。

結果的に「Aさんからも、Bさんからも信用を失ってしまう」という状態に陥り、まさに、こんがらがったヒモが解けないような「人間関係のもつれ」に苦しんでいた。

「人間関係のもつれ」で強烈なストレスを抱え込んだ彼は、医者から「うつ」と診断される。そして、会社を休職。そんな経験を何度も味わった。小野さんは、この「うつ状態」から自分を救うために、考えうるあらゆる方法を探し求めた。そして、私のところへ相談にやって来たのだ。

もちろん、そのときはまだ小野さんは、自分に降りかかった「人間関係のもつれ」が、自分の人生をすばらしく好転させる、何ものにも代えがたい貴重な財産になろうとは知るよしもなかった。

本書を手にとったあなたも、多かれ少なかれ、小野さんの状況に自分をオーバーラップさせる部分があったのではないだろうか。

「いや、自分は周りと、極めてうまくやっているよ」

そんな、順調な人間関係を築いている人には、他人事のように聞こえるかもしれない。しかし、人の心は脆《もろ》く弱いものだ。

今は飛ぶ鳥を落とすような勢いがあっても、一瞬で事態が急転することもありうるのが人生だ。

「私はうつとは無縁の性格だから」と、感じている人でも、いつ自分に降りかかってきてもおかしくない話なのである。

もし、あなたが部下をもつ身なら、いつ加害者になってもおかしくない。それが現実である。

仕事には、ストレスがつきものだ。

厚生労働省による近年の「労働者健康状況調査」では、調査対象の全労働者のうち六一・五%が、「仕事において強い不安、悩み、ストレスがある」と答えている。

その理由として、最も多い割合を占めていたのが、

「職場の人間関係」の問題、

「仕事の量」の問題、そして、

「仕事の質」の問題となっている。

この三大理由のなかでも「職場の人間関係」が、仕事の不安・悩み・ストレスの最も大きな要因であるといわれている。

非常に多くの人が「職場の人間関係」に悩んでいるということなのだ。


あなたが職場にいる時間は、一日何時間だろうか。

一日のうち八時間を職場で過ごすとすれば、一日の三分の一が職場だ。睡眠が六〜七時間だったら、起きている時間の約二分の一が職場。営業で外回り中心だったり、パートタイマーだったりして、仮に一日四時間だとしても、起きている時間の約四分の一が職場にいることになる。

ということは、あなたの人生に残された貴重な時間のうち、かなりの部分を職場で過ごす、ということになるのである。

その時間を、快適で楽しい「天国」にするか、不快で苦しく、ただ耐え忍ぶ「地獄」のような時間にするか。

それは、あなたがどのように「職場の人間関係」を築くかにかかっている。それほど、「職場の人間関係」の問題にうまく対処することは重要なのだ。

人生の時間は、

「仕事をしている」か、

「遊んでいる」か、

「寝ている」か、だいたい、このどれかになる。

「遊んでいる」ときは誰でも楽しいはずだ。「寝ている」ときは誰でもリラックスしている。

だとしたら、残りの「仕事をしている」時間が快適になれば、人生のすべてが「天国」そのものになるとは思わないだろうか。

「仕事をしている」時間を快適するには、まず「職場の人間関係」をよい方向にもっていくことから始まる。

そして、この「職場の人間関係」さえうまくいくようになれば、「仕事の量」も「仕事の質」も改善されてくる。

なぜなら、人間関係が良好なら、あなたに協力者が現れてくるからだ。たくさんの協力者がいれば、それだけたくさんの知恵が出るし、力も増えるから、当然仕事のクォリティも高くなるし、スピードが速くなる。

仕事をうまくこなすことは人間関係抜きではありえない。

上司との人間関係がうまくいかなければ、仕事すら与えられない。

もしかすると、自分が気付かないうちに、同僚から足を引っ張られている可能性もある。いくら一生懸命頑張っても、空転してしまう可能性が十分にあるのだ。

あなたが知らないところで、悪い噂を立てられていることもある。ささいな噂によって仕事上の協力者を失うことだってあるのだ。

あなたの周囲の人たちはどうだろうか？　あなたに協力したいと思っているだろうか。それとも、あなたの足を引っ張りたいと思っているだろうか。

あなたの会社のトップは、あなたのことをどう思っているのだろうか。

あなたの上司は、あなたのことをどう評価しているのだろうか。

先輩・同僚は、そして後輩・部下はあなたをどう思っているのか。

お客様は、取引先は、あなたのことをどう思っているのだろうか。

ここで、よく考えてみよう。

人間関係は、人の心をどれだけ理解しているかによって大きく左右される。

私が知っている限り、人の心のわからない人間が成功をおさめたり、仕事が順調にいっている例はない。

つまり、人の心がわかる人間にならなくては、何も始まらないのである。

では、人の心がわかるにはどうしたらよいだろうか。

それには、自分の考えを重要視するのではなく、相手が何をどう考えているかに焦点を合わせることだ。つまり、相手を理解しようとする姿勢を持ち、その術《すべ》を身につけるのだ。

相手が何をどう考えているのか。それを読み取る術がなければ、あなたは相手に対して一生、的外れなことをして、終わってしまうかもしれないのだ。


職場を改善するのか。上司を改善するのか。

それとも、あなた自身を改善するのか。

いずれにせよ、いまの職場の人間関係に問題があるなら、愚痴を言っているだけでは何も解決しないのだ。

「早く定時にならないかなぁ……」「早く土日が来ないかなぁ……」そんな願いしか

持てないようでは寂しいじゃないか。
「早く月曜が来て、会社に行きたい！」日曜日の夕方に、心からそう思える、そんなワクワクするような職場にしようじゃないか。

実は、どんな「人間関係のもつれ」でも、たちどころに解消できるポイントがあるのだ。そのポイントは、「もつれ」の原因をつかみ、その上で適切な行動をとっていくということである。

では、原因をどうつかみ、どのように行動すればよいのだろうか。
それを明快に解説するのが本書である。

本書では、職場の人間関係を取り巻くさまざまな問題に、最も効果的に対処するための方法を「処方箋《せん》」としてまとめた。
これらの「処方箋」は、これまで数十年にわたって職場の人間関係に悩む数万人の方々の相談にのるなかで、問題の本質をつかみ、編み出した方法である。

これらの「処方箋」をもってすれば、解決しない職場の「人間関係のもつれ」はないと私は確信している。

それでは、究極の「職場の人間関係のトラブル解消法」をあなたに伝授しよう。

佐藤康行

「仕事の80％は人間関係で決まる」目次

ACT 2 人間関係トラブルの根本的な解決法

装丁　鈴木未都

ACT 1

職場の人間関係スバリ診断

上司との関係がうまくいっていない

物流関係（輸送）の会社で営業を担当している者です。勤続年数は今年の四月で丸七年になります。大学を卒業してからずっとここで働いているので、ベテランとまではいかなくても、この業界のことは知り尽くしているつもりです。

業務内容は、農作物や魚介類などを産地から市場に輸送することです。その他、各種の商品をデパートやスーパーなどに輸送したり、原材料を工場に輸送したりする業務も行っています。

社員数は三三人で、委託の運転手やパート職員などを含めると総勢六〇人くらいになります。現在保有しているトラックは二五台です。

元トラック運転手だった社長が三〇年前に立ち上げた会社ということもあり、よきにつけ悪しきにつけ社長のカラーが強いのが、この会社の特徴です。それは、「働かざる者、食うべからず」という信念です。裸一貫から叩き上げた社長というだけに、働かざる者、食うべからずという考え方そのものが、この会社の社風ともなっているのです。それだけに社内の雰囲気はキビキビしたものがあります。特に私の所属する営業部は、そのカラー一色で染まっていると言っても過言ではありません。「丁寧、迅速」がこの業界の信条ですが、特に迅速という面については、われわれ社員は入社と同時に骨の髄まで叩き込まれています。スピードで同業の他社に負けるようでは、この業界では生き延びられないからです。

営業部は私を含めて十人。その内訳は部長、課長、係長、そしていわゆるヒラが私を含めて七人です。

部長は温厚な人柄ですが、どちらかというと細かいことは課長と係長に任せっきりというタイプです。

反対に課長と係長は二人とも仕事の鬼のようなタイプで、社内では「やり手」として通っています。部下に直接仕事の指示を出すのは、この二人ですから、私たちとしてはかなりシンドイ部分があります。

同僚は、みなうわべだけは親しいように見えますが、はっきり言ってライバル同士ですから、部内では必要以上のコミュニケーションがありません。

私自身、自分からあえて話しかけるのが苦手なタイプです。ですから同僚はもちろん、上司に対してもよほどのことがないと自分から話しかけたり、説明を求めたりすることはありません。

もっとも、下手に質問すれば、「そんなこともわからないのか」とか「前にも教えたはずだ」などと、怒鳴られるのがオチですから。

事実、上司は私の顔を見ると必ずといっていいほど、「これをいついつまでにやっておけ」「例のあの件はまだか?」「先方からまたクレームが来ているぞ」などと小言を言ったり、何かにつけて仕事を押し付けようとします。

その上、少しでもミスを犯すと、ガミガミと叱りつけるのです。それも同僚たちのいるところで。過去のそんな経験がよみがえってきて、恐怖心がわいて、ますます話しかけにくくなるのです。

私のひがみ目かもしれませんが、私が叱られていても、同僚たちは助け船を出してくれません。それどころか、ライバルが蹴落とされているのを冷ややかに笑っている風にも見えます。「生き馬の目を抜く」という言葉がありますが、私の職場の人間関係もまさにそのとおりで、人の入れ替わりが激しいところがあります。

同僚に比べて私は決められた時間通り終わらないことが多いのは確かです。

でもそれは私にばかり仕事が集中するからです。

我が社の主要な輸送物資は現地生産物であり、しかも新鮮さを競うものだけに各シーズンの忙しさはたとえようもありません。ただでさえ忙しいのに、生産物の旬の時期ともなると、それこそ本当に目が回るほど忙しくなるのです。繁忙期は、一つの案件にちょっと手間取っていると、あっと言う間に仕事が山積みになってしまいます。

私のそんな状況を知っていながら、上司は「これやっといて」「あれも頼むよ」と、容赦なく手当たり次第、私に仕事を押し付けます。「できません」と言えば、どんな反応が返ってくるかわかっているので、無理だとわかっていても、つい「何とかなるだろう」ということで引き受けてしまいます。

また、指示の内容がよくつかめないときでも、聞くのが面倒だし、聞けば聞いたで、「そんなこともわからないで仕事をしていたのか」と叱られるのは目に見えているので、「いつも通りやればいいんだろう」と解釈して、仕事を進めます。忙しい上にスピードを求められるわけですから、当然ながらミスも続出します。その度に上司からは、「期日に間に合わなかったぞ」「なぜ指示通りにやらなかったんだ」などと怒鳴られっぱなしです。

入社以来、ずっとこの繰り返しなのです。いいかげん、イヤになってしまいます。あんまり言われるので、最近では「おれは仕事のできない人間なんだろうか」と自信も失いかけています。

私が不思議でならないのは、私と同じような仕事をしている同僚たちが、上司にあまり叱られないことです。叱られるのはいつも私だけ。それはなぜだろうと考えたとき、彼らは明らかに私より仕事量が少ないからだと気が付きました。仕事の量が少なければ落ち着いて仕事ができるので、当然ミスも出なくなります。ミスをしなければ上司からもガミガミ言われなくて済みます。しかも社内では「仕事のできる人」として評価されます。

一方、いつも多量の仕事を押し付けられている私は、ミスを連発し、その度に上司には叱られ、同僚には冷ややかな目で見られ、おまけに「仕事のできない男」「要領の悪い奴」といった烙印を押されてしまいます。

同じ職場で、こんな不公平があっていいのでしょうか。私はなにも仕事が嫌だと言っているわけではありません。今の仕事はやりがいもあり、自分に合っていると思っています。しかし、このような不公平だけはどうしてもがまんできないのです。

「上司との関係がうまくいっていない」あなたへの所見

キビキビした物流会社の営業部で上司との関係に悩んでいるあなた。仕事に対して厳しい社風がつくる殺伐とした雰囲気の職場で、仕事の鬼と化した上司から言われたキツイ一言。そうした過去の積み重ね、つらい思い出が邪魔をして、上司との会話に恐怖心が生まれる。もともと、人に話しかけることは苦手なタイプ。ますます社内でのコミュニケーションがとりづらくなる。

そこへ上司からさらに浴びせかけられる仕事の山。断ったところで当然のように返ってくる反発に対応するのも面倒だから、無理を承知でなんでも請け負う。混乱の中、ミスを連発。上司の叱咤をさらに呼び込む。そんな自分に冷たい同僚……。

しかし、なぜか他の同僚はあまり叱られない。ミスを連発する自分は、「仕事のできないやつ」という烙印を押される。ミスが少なく、叱られない他の同僚に「仕事ができる人」の評価……。「こんな不公平があっていいのか！」、そんな矛盾に怒りを感じながら、やりがいのある仕事を楽しめるよう、なんとか上司との関係を良くしたい。

わかりました。そんなあなたによく効く処方箋をだそう。

・処方箋①──「コミュニケーション」を徹底する

コミュニケーションの基本である「報告」「連絡」「相談」。この三つを上司・同僚・部下に対して常に徹底して行う。

・処方箋②―「相手の思い描くこと」に焦点を合わせる

相手とは上司など、「仕事を自分に依頼した人」のこと。相手の望む基準にかなうところまで仕事を仕上げる。相手の基準がわからなければ何度でも相手に確認する。

・処方箋③―どんなささいなことでも「紙に書く」

指示のあったことは、必ずメモをとる。また、実行に移る前にやるべきことに優先順位をつけて段取りをつける。

では、各処方について具体的に説明しよう。

処方箋①
「コミュニケーション」を徹底する

あなたの上司とのもつれの原因は、あなたの仕事の処理能力が不足していることではない。原因は、上司とのコミュニケーションが不十分になっている点である。

コミュニケーションをしっかりとって、お互いの意志が十分に通い合ってさえいれば、このような事態にはなりえないのだ。

では、どうすれば上司と十分にわかり合えるコミュニケーションがとれるようになるのだろうか。

まず必要なのは、一般的な組織教育の基本である「報告」「連絡」「相談」、いわゆる「ホウ・レン・ソウ」の基本を踏まえ、その重要性をよく認識することである。

「ホウ・レン・ソウ？　何をいまさら……」そう言うなかれ。もしあなたがそう感じたとしたら、あなたにこそ最も必要なことだからだ。

なぜならば、「ホウ・レン・ソウ」を習慣化している人は、その重要性を知っているので、決してこのことをないがしろにしないからだ。

考えてほしい。ポイントは上司の心の状態である。

「報告」を受けていない上司は、当然、指示した仕事がしっかり期日どおりにできると信じている。そう思っているところに、いきなり「できませんでした」と言われれば、たとえ温和な上司であっても怒り出す。こんな仕事を繰り返せば、当然、上司からの信頼も弱くなるし、関係がもつれていくのだ。

上司はなにも、あなたを叱り飛ばすため期日まで身構えていたわけではない。

つまり、期日まで何も報告がなければ、上司の判断材料は指示した仕事の結果だけになる。やって「できたか」「できなかったか」のどちらかになってしまうのだ。

しかし、期日の前の段階で、「実は期日までに終わりそうにありません」と経過を報告したらどうだろうか。

途中で進捗状況を報告していれば、上司の心にある判断材料は、期日に「できたか」「できないか」、「〇《ゼロ》」か「一〇〇」か、という二者択一ではなくなる。部下から遅延の報告が入れば、上司としても心の準備ができるのだ。期日になって、いきなり「できなかった」と聞くことで上司が受けるショックは、そうすることによって和らげることができるのである。

相手の心は目では見えないから、ついつい無視してしまいがちだ。しかし、もし見えていたとしたら当然しないであろう常識外れ、的外れなことを見えないがゆえに相手に平気でしてしまっている可能性があるのだ。

途中経過を報告すると、上司の側としても「あいつはまだ三〇%の段階か」「だいたい期日までだと五〇%くらいだな」と、仕事の流れが把握できてくる。事前に「できそうにない」という報告があれば、上司は「期日どおりは無理なようだな」と計画を検討し直す場合もある。そして、他の部下に仕事を再配分するなど手が打てるのだ。

また、この報告がきっかけで、今までの自分の仕事のやり方が効率的ではなかったという事実に気付けるかもしれない。自分の経験だけに頼って「この仕事は、このやり方」という固定された方法に固執して、案外すんなり期日までにできるような別の方法を見えなくさせている場合もあるのだ。

もし上司に経過報告していれば、「これは、こうやってみるのはどうだ?」などと、上司のたった一言のヒントで効率的なやり方に気付き、滞っていた仕事ができてしまうこともあるのだ。

コミュニケーションについて、別の角度から考えてみよう。

よく「落ち込む」という人がいるが、「落ち込む」とはどういうことなのか。

「落ち込む」ということは字にあるとおり、「落ちるところ」がある、ということをいっている。

「上がる」自分がいるから、「落ちる」自分が存在する。

下もなければ上もないようにすれば、「落ちない」し、当然、「上がる」こともない。「上がる」ということは、「天狗になる」ということである。

では、落ち込まないためには、どうしたらよいのだろうか。

そのままの自分で人と付き合い、ありのままの能力で仕事をこなしていく、ということである。言われたとおりの仕事を確実にやっているのかどうか、それだけを見ていくのである。

こうした「事実主義」でやれば、「天狗になる」こともないし、「落ち込む」こともないのである。

天狗になったり落ち込んだりするのは、人と比べるから起きるのだ。そして、人と比べることで、見るべき事実を見ようとせず、認めようとしないのである。

まさに「優越感」と「劣等感」の土俵は同じなのである。

「天狗になる」のと「落ち込む」のも同じなのである。それを繰り返しているだけなのだ。

落ち込む人は、ありのままの自分を見てもらおうとせず、自分を隠そうとしてしまう。

仕事においては、出来栄えを見せようとしない人はいないだろうか。途中経過を見せようとしない人はいないだろうか。その理由は、自分を大きく見せようとしているからなのだ。小さい自分を見られたくないから、隠そうとするのである。

だから、その逆をやるといいのだ。

なるべく素顔の自分のそのままを見てもらおうと心がけよう。

あえて自分をすべて見てもらおうと働きかけよう。

本来の自分の姿、ありのままの自分を常に、正しく見てもらおうとすることが、コミュニケーションを徹底する重要な第一歩なのだ。そして、このコミュニケーションを最も効果的に行うポイントが、次の処方箋②である。

処方箋②
「相手の思い描くこと」に焦点を合わせる

仕事とは、依頼者の指示によって動いているのであって、自分の考えで動いているのではない。だから、自分の思いに沿うのではなく、依頼者である「相手の思い描くこと」に沿わなくてはならないのである。

上司なら上司の意向に焦点を合わせる。仕事の依頼者の意向に焦点を合わせるということが重要なのである。

仕事の基本は「依頼者の頭に思い描くことに沿うこと」を、「その人からOKがでるまでやること」なのである。

よく、仕事の依頼を受けたとき、依頼されたまま「はい、わかりました」と一言だけ返して、さっさと仕事に取り組んでしまうケースがある。しかし、依頼の内容について依頼者に何も確認をしないと、ピントがズレる可能性が非常に大きいのだ。

人間は誰でも、自分の経験したものを基準に判断する生き物だ。だからこそ、ここで何も確認しないでいると、自分の判断基準で、自分の頭の中に勝手に作り上げた仕事をしてしまう。そうなると、その仕事は依頼者である上司の考えでもないし、さらにはその会社の考えでもなくなってしまう。

「自分の経験を生かして、新しい、もっと良いアイデアが入った仕事ができるじゃないか」そんな意見もあるだろう。

しかし、それは依頼者である相手の言っていること、やろうとしていることを全部わかった上での提案として出せればよい話である。実際は、相当なベテランでも相手に確認をしないで、相手をすべて理解できることなどまずありえない。

「相手の思い描くこと」を確認することは、依頼者である相手に対しての誠意なのだ。

例えば、相手から「背中が痒いから掻いてくれ」と頼まれたとする。あなたは「いいですよ」と言っただけで、勝手に「この辺だろう」と思いそこを掻いたら、どうだろうか？

「そこじゃない」となってしまうのがオチだ。

その場合、あなたに必要なのは相手の背中を触りながら「ここでしょうか?」「ここでしょうか?」と掻きながら確認して、相手が掻いてほしいところを掻いてあげることである。

それでは、「相手の思い描くこと」に焦点を合わせることの精度をさらに高めていこう。そのために必要になるのが次の処方箋③である。

処方箋③
どんなささいなことでも「紙に書く」

上司から「これをやっておきなさい」と言われて、「はい、わかりました」と何も確認しないでやることの危険性は先に述べたとおりだ。

上司がやってほしいと思っていた仕事と別のことをやりかねないからである。ときには取り返しのつかない事態に発展する場合もある。

上司の価値観とまったくズレることのない価値観を持ち合わせていれば確認がいらないかもしれないが、そんなことはまずありえない。

だから、「相手が描いているもの」と、「自分が描くもの」との間には必ずといってよいほどズレが生じるのだ。そのズレを修正するにはどうしたらよいのか。

それは、指示のあったことを、必ず紙に書き留めることである。そして、メモしたことを復唱して確認をとるのである。さらに紙を見ながら相手の仕事の意図を咀嚼《そしゃく》し、読みとるのだ。わからない場合は、もう一度疑問点をまとめて質問してみよう。

仕事の意図が見えてきたら、次に仕事の段取りを検討しよう。

この場合も、紙に書いてシミュレーションするのがベストである。

必ず、実行に移る前にやるべきことを紙に書き、優先順位をつけて段取りをつける習慣を身に付ければ、間違いを起こすことが防げるようになる。

また、仕事の段取りを紙に書くことで、あなたの脳は段取りそのものから解放され、今度は書かれた段取りをいかにしたら効率よく進められるか、といった次のことに働くことになるのである。
「紙に書く」ということはシンプルだ。しかし、この効果は絶大である。

さて、このように処方箋①〜③を実践すると、情報の共有化、つまり風通しのよい職場ができるようになる。

この風通しのよい職場を作るために必要なコミュニケーションは、なにも上司に限った話ではない。同僚に対しても、部下や後輩に対しても、「ホウ・レン・ソウ」を行ってみよう。

「ホウ・レン・ソウ」を上司に対してのみ義務付けている会社を多く目にするが、それでは中途半端になってしまう。

また、上司だけに対する義務にしてしまうと、往々にして、本筋の業務そっちのけで「ホウ・レン・ソウ」を中心に据え、本業を見失っている場合がある。本来、依頼者の意に沿う良い仕事をするための「ホウ・レン・ソウ」であって、「ホウ・レン・

ソウ」をするための「ホウ・レン・ソウ」では、本末転倒なのだ。

上司だけでなく同僚や後輩に、今日あったことを報告したり、仕事に結びつきそうなお客様の情報を連絡したり、仕事上の課題を相談してみよう。

このように意識的に会話を交わしていくうちに、独りよがりな「心のクセ」が修正され、「風通しのよい」職場ができあがっていくのだ。

そして無意識のうちに、仕事上の会話ができるようにまでなれば、この種のもつれは完全に解消されるだろう。

「上司との関係がうまくいっていない」あなたへのアドバイス

あなたはとても恵まれている。

現場の第一線で活躍して、裸一貫で叩き上げた社長。仕事に対する厳しさを肌で感じている。だからこそ、より迅速でよりお客様のニーズに沿ったサービスを提供することに躍起になり、その空気がキビキビとした緊張感を作っているのだ。すばらしいことではないか。

自分の利益ばかりを優先するあまり、多くの不祥事を起こす企業が次々と浮き彫りになっている昨今、サービス向上のため自分に鞭を打ち、仕事の鬼とまで化して組織の中でそれぞれの役割を果たしていくあなたの会社の姿はすばらしい。

その恵まれた環境の中であなたは、話し下手である自分が上司に受け入れられないと思い込み、断りきれずに請け負った仕事の量に混乱してミスを連発。上司には叱られ、仕事のできない烙印を押される。ライバルたちからは冷たい視線。一見要領よく立ち振る舞う彼らは仕事も分相応にこなし、ミスも少なく、結果として仕事ができる人間だという評価を受け、そんな矛盾に悩んでいる。嫌なら辞めたっていいのだ。

でも、あなたはその仕事にやりがいをもっている。だからこそ、その人間関係の悩みを解決しようと、私に相談をした。

もし、あなたが私に相談した結果、出された処方箋をそのとおり実行したら、今の悩みが「夢だったんじゃないか？」と思うくらい消え去る。いや、それだけではない。安心して確実に指示通りの仕事をこなせる人物として、仕事に厳しい上司であればあるほどあなたへの信頼が強くなる。

相手の心に焦点を当てて、それを理解しようという誠実な姿勢で仕事に取り組む人物を、よほど上司が無能じゃない限り放っておかないだろう。

厳しい上司に信頼されるあなたに、同僚は一目置く。そういった同僚の心にも焦点を当ててコミュニケーションをとるあなたは、同僚の信頼も得て、あらゆる協力を得ることができるのだ。結果として、一人では成し得ないような大きなスケールの仕事ができるようになり、あなたの役割も必然的に変化してくる。

あなたは、今の職場での仕事を通して信頼を勝ち取り、みんなと一体となって成し遂げる感動を味わい、相手の心を読みとっていく能力を身につけ、やがては人を動かせる力を発揮できる役割が与えられる。あなたの悩んだ経験や、矛盾に対しての葛藤を味わった体験が、あなたを人の痛みや気持ちのわかるピュアな心をもった人間として成長させる財産になるからだ。

あなたがちょっとしたことを実行するだけで、この財産を受け取ることができる。

実は、そのとき悩んだあなたが見ていた上司や同僚は、自分の迷いの心が生み出した産物だと気付くだろう。

なぜなら、本当はみんなあなたのことが好きなのだから。それが真実だからだ。


あなたの場合、とにかく意識して職場の人とコミュニケーションを図ってみよう。

コミュニケーション不足の人は、上司に煙たがられるぐらいがちょうどいい。

あなただからこそできる経験があって、それがかけがえのない財産になるのだ。そんなお宝を目の前にして、まだ愚痴を言っているつもりなのか？

人生は一度きり。さあ、この処方箋をもって、一歩を踏み出そう。

意見がぶつかり合ってトラブルが絶えない

私は経営コンサルティングを専門とする会社で働いています。この四～五年の広告戦略が功を奏し、新たな顧問先が倍増したため業績が急上昇。地方に支社を出すほどまで規模が拡大しました。

私は本社の広告部に所属しています。この部門は一年前、会社の業績向上に伴い、広告業務を強化するために新規に設立された部署です。この部署で、主に新規見込客獲得のための広告を制作するのが私の担当業務です。

広告部の部長は、創業間もない頃から独自に広告を学び、新規見込客獲得のための集客システムを社内に構築し、この四～五年の業績向上に大きく貢献した人物です。現在は私を含めた五名の部下にそれぞれ指示を出して統括しています。

部長は、広告部の存在意義を、会社全体の業績向上に最も重要な見込客獲得を担当するブレーンとして位置づけ、その仕事に誇りを持っています。「見込客を、新規の顧問先としていく営業本部へ貢献し、喜んでもらえる部門として全力で奉仕していこう」と私たちを日ごろから鼓舞していました。

広告部への指示は、主に営業本部の本部長から、広告の打ち出しや作成の依頼というかたちできます。

私はこの会社の前に転職を二回していますが、ずっと広告文などの作成に携わってきたので、この仕事は自分には向いていると思っています。ですから、広告部での仕事については取り立てて不満もないのですが、困るのは依頼してくる営業本部の本部長とのトラブルです。

私の部長も言うように、「依頼者のワガママに応えてあげるのがプロの仕事だ」というのはよくわかります。私もプロとして、それは然るべき姿だと思っていますし、そうありたいという気持ちで、かなり無理難題がきても対応してきたつもりです。当然、部長も言うように、それが会社全体のために役立っているという自負がありますから、誇りを持って仕事をしています。

しかし最近、その依頼の仕方の、あまりの理不尽さに正直言ってキレる寸前まできています。

しかし、どんなにキレそうな瞬間がきても、部長の顔をつぶすまいとぐっとこらえてガマンして引き受けています。でも、最近はその鬱憤《うっぷん》がたまってきてストレスでつぶれそうです。

営業本部の人たちは、私たちの重要性をまったく理解していません。理解するどころか、広告部を依頼された作業をする単なる業者として見下すような指示を出してきます。

しかも、幾多の案件を抱えて過密スケジュールで動いている最中に、こちらの事情も聞かず一方的に「これやれ、あれやれ！」といった無理難題な依頼をしてきます。それもかなり威圧的な態度で有無を言わせない口調です。部長に相談しても、「なるべく要望を聞いて、かなえてあげてほしい。それが広告部の使命だから」というくらいで、らちが明きません。

私たちも広告部としてプライドをもって仕事をしています。営業本部の目的がさらなる集客だとしたら、この案内のステップをまず打ち出して、そこで反応を分析して、その後にこの広告をこの枠に出したらよい、そんな提案をすると「そのやり方じゃ時間がかかるし、コストもムダだ、ここはこうするんだ」と、私たちが作りかけたプランに無理やり修正をかけて、勝手なプランに置き換えてしまいます。それどころか細かいところに注文をつけたり、文句を言ったりするので、「もう勝手にしろ！　せっかく効果的な方法を提案したのに！」とやるせない気持ちになります。

先日も仕上げた原稿が気に食わないといって、ものすごい剣幕で突き返されたので、ただ平謝りをしていました。

以前は、「でも、あなたの依頼はこうだったじゃないですか！」と食い下がったりもしたのですが、そういった態度が気に食わなかったのか、その後の私に対する風当たりが日に日にきつくなるのを感じていたので、最近は抵抗するのも面倒くさくなって、文句がきたら、ただ謝ってばかりです。

こんな状況をなんとか打開したいと思い立ち、相談した部長からの提案もあって、営業本部の本部長に働きかけ「ご要望にお応えするため、いろいろご意見を聞かせてください」と、会議の場を設けたこともあります。

でも、そうやって下手《したて》に出ると、先方はつけ上がって、「こういうことは、こうやるんだ」とか「この場合のやり方は、そうじゃない」とか、知ったような知識を並べ立て、「広告部のオマエがこんなことなぜ知らない！」といったように説教を聞かされ、私も、もうどう対処していいかわからず、わけもなく謝る一方です。

その後も、依頼された仕事を徹夜で仕上げたのに、翌朝、内容の変更を一方的にしてきたので、「いくらなんでも、いきなり昼までにこんなに大幅に変更するのは無理です」と、反抗したら、「とにかくこっちは急ぎなんだ！　こんなもん集中すれば、素人だってできるだろ。いいからやってくれ！」ときたので、怒りを通り越して落ち込みました。

しかし、その頃から私の心はどんどんふさぎこむようになってきて、もしかしたら、おかしいのは本部長じゃなくて、俺なのか？　俺は才能が無いから、こんなに相手に文句ばかり言われるんだ……と自分を責めてばかりです。完全に自信喪失です。

私を信頼してくれる部長にも顔が立ちませんし、弱音も言えない。でももうこんな人間扱いされない部署の仕事を請け負う気力もなくなってきました。

しかし、冷静に考えると、どう見ても私に落ち度があるとは思えません。

どうすればいいのでしょうか？

「意見がぶつかり合ってトラブルが絶えない」あなたへの所見

急成長のコンサルティング会社に新たに設立された広告部。会社にとって重要な部署に配属され「会社に貢献しよう」と誇りを持って携わっている広告の仕事に不満はない。しかし、営業本部の本部長の無理難題な依頼に悩んでいる。

始めは、プロとしてどんなワガママな指示でもなんとか応えようと、無理してでも頑張って応えていた。しかし、あまりに理不尽な依頼と、威圧的な言い方をガマンすることにストレスがたまる。

そんな状況を打開するため、いろいろと主張したり提案をしたりするが、意見はぶつかってばかり。事態は解決するどころか、次々と仕事に対する文句が来て、対応するのも面倒くさくなって、最近ではひたすら謝るばかり。不満のはけ口もなく、仕事への自信も失い自分を責める……。

そんなあなたによく効く処方箋をだそう。

・処方箋④―「美点」を発見する
意見がぶつかったときは謝るだけではダメ。相手の美点（良いところ、すばらしいところ）を事実として発見し伝える。

・処方箋⑤―相手の関心事について話をする
人は基本的に自分にしか関心がない。相手の良い部分などについて興味を持って話すなど、相手自身に関心を向けて話をするのが得策。

・処方箋⑥―自分を責めない
絶対に自分を責めない。責めると相手からも責められやすくなる。「相手を褒める」「失敗から学ぶ」という前向きな姿勢が大事。

では、各処方について具体的に説明しよう。

処方箋④

「美点」を発見する

私たちは、叱られたり注意されたりすると、反射的に謝ってしまう傾向がある。もちろん、謝罪の気持ちが悪いわけではない。しかし、謝ればいいというものではないのだ。というのも、相手だって謝られるばかりでは困る場合があるからだ。ただひたすら謝罪されると、「何に対して謝っているんだろう?」などと、余計なことまで考えてしまう。また、相手としては、謝られる理由がわからない場合もあるのだ。当然、謝られたところで楽しくなるわけでもない。

誰かと、何かについて争いが生じたとする。

その結果、あなたは相手に不快な思いをさせた。そのときに、ただ争った相手に対して「すみません」と謝ると何が起きるか。

その瞬間、あなたは無意識のうちに、相手に対して不必要に立場を下げることになる。

例えば、あなたが欲しいと思って探していた本が書店に一冊しかなかった。同時に他の誰かも、何軒も書店を回って同じ本をやっと探し当て、その本に手を伸ばした瞬間、あなたも手を伸ばして、つかみ合いが始まる。お互いグイグイ取り合いになり、あなたが力任せに取り上げた。

相手は、やっと見つけた本をあなたに取られて、不快な気持ちを持つことになる。そのとき、相手に「すみません」と謝っても、やっと見つけた本を取られた相手は「まったくだよ」とあなたに対して責める気持ちと、「謝るなら、本を譲れよ」という、あなたに対するマイナスの感情を抱いたままになる。二人の間にそれ以上の良好な関係は生まれないのだ。

しかし、あなたは立場を不必要に下げて相手に責めさせることもなく、同じ立場で友好関係が築けるのだ。

どうしたらよいのか。

ただ謝るだけでなく、相手を褒めるのである。

褒めるといっても、この場合お世辞を使うという姑息な手段のことではない。褒められる部分、つまり相手の美点を事実として発見し、それを伝えるのだ。それが結果的に相手を褒めることになる。

「あなたもこの本に興味があるんですか。この本ってすばらしい本ですよね」

「そのくらいこの本に情熱を持っていたのですね」

「あなたの熱意に感激しました」

褒めた瞬間、自分はそのままの立場で、相手の立場を上げたことになるのである。この美点発見をして、二人の間の良好な関係を作り出す土台が築けたら、重要なのは次の処方箋⑤である。

処方箋⑤
相手の関心事について話をする

先に述べた「本の争奪戦」のようなとき、単に「すみません」と謝っても、それは自分のことしか表現していない。

この場合、相手は、あなたの気持ちにはさほど関心がない。あなたが反省しようがしまいが、相手にとってはどっちだっていいのだ。

人間は基本的に「自分」のことに関心があるのであって、相手のことはどうでもいいのである。「自分がどうなのか」、それだけが問題なのである。まず、この事実をしっかりと認識することが大切だ。

だから、まずは先に紹介した「美点発見」で、相手の良い部分を事実として発見する。そしてそれを伝える。次いで「相手の関心事」の話を切り出すのが、関係を修復する最善の方法なのである。

先の例で言えば「本の争奪戦」を話題にせず、「本に関心を持った」ことに焦点を当てて、そのことについて語り合うことなのである。「奪い合った」ということは、相手もこの本に対する思い入れがある。そして、自分もこの本については興味があるのだから、共通の話題として話ができるはずだ。

クレームというものは、単に謝罪を求めているわけではない。相手が何を求めているのか、相手の関心事にとにかく焦点を合わせる。「取り替えてほしい」とか、「返品したい」とか、クレームを出した本人が何をどうしてほしいのか、まずそれを理解することが大切だ。そして、相手はそのことに対する回答を求めていることを心得ていなければならない。

これは、「興味のある話にすり替える」ということではない。相手が望んでいることに焦点を合わせ、そのことについて話すということだ。

この処方箋④、⑤の実践が、相手との意見のぶつかりを防ぎ、良好な関係を作る非常に効果的なものなのである。

しかし、この実践において忘れてはならないポイントがある。それが次の処方箋⑥だ。

処方箋⑥
自分を責めない

「自分を責める」ことは、解決につながるどころか、問題をさらに悪化させかねない。

まず、謝ってばかりいると、自分の心はどんどん暗くなってしまう。謝りながら、どんどん落ち込んでいってしまうのだ。

さらに言えば、人は不思議なもので、「自分自身を責めている人」を見ていると、その人を責めたくなる心理まで働くという。

「自分を責める人」には劣等感があるわけで、その劣等感から勝手に自分の立場を下にしてしまう。結果として、相手の立場が自動的に上になり、優越感を与え、ますます攻撃されてしまうのだ。

だから、自分を責めないこと。先に挙げた「美点」を発見し伝え、「相手の関心事について話をする」と合わせて実践すれば効果的だ。

具体的に説明すると、例えば上司から注意をされたとき、あなたが単に謝ったとする。すると、上司は不愉快になりかねない。なぜなら、上司が注意しているのは謝ってほしいわけではないからだ。

上司としては、注意をしていることの真意を部下が理解し、そのことについて意見や改善策の話がしたいのである。

「部長は、このことを言いたかったのですね。アドバイスありがとうございます」

「勉強になりました。言っていただけなければ気が付かなかったです。ありがとうございます」

もちろん、心にもないことを言うのとは違う。

事実として、上司の注意の真意をつかもうとするのだ。そして、その自分の理解を伝えると同時に、自分も学んでいることを表明することである。

この姿勢が結果として相手の行為を褒めていることになるのである。

「意見がぶつかり合ってトラブルが絶えない」あなたへのアドバイス

トラブルになっている職場の上司や同僚は、あなたを責めるために仕事をしているのだろうか？　そうではないはずだ。

たとえ無理難題を威圧的に押し付けてきたとしても、それほどまでの気持ちで仕事を依頼してくる「熱い思い」などのベースとなるものがあるはずだ。

「もっと業績を上げよう」「もっと良いサービスを多くの人に提供しよう」、その思いは、同じ会社に所属しているあなたも同じはずである。

自分の会社や、顧客に対する強い思い入れ、なんとか最上の仕事をしたいという熱い思いの現われが、身内に対してのワガママとなって出てきたのかもしれない。

その、ベースとなっている相手の思いに焦点を合わせるのだ。

もしかしたら、熱心になるあまりに、お互いに同じ関心事や同じ志を持っていることを見逃してしまっている場合もある。好きだから、愛しているからケンカになる場合もある。

会ったこともない隣町のおじさんにあなたは腹を立てたり、文句を言ったりしないはずだ。

不必要に謝ったり、自分を責めるだけでは、そこから何も学べない。

感情的な表現や、攻撃的な言い方をさせている、そのベースになっている相手の思い、相手の関心事を美点として、その事実をいち早く発見し、あなたから伝えて共有していこう。

仲間との間に疎外感を抱いている

私の会社は、一般ユーザー向けの商品をつくり、主に問屋に販売している中小企業です。

景気が上向いているにも関らず、業績は振るわず、社長の命令で商品開発部門や営業部門などが一緒になって、新たな戦略を立てることになったのが、ことの始まりです。定期的に行われる会議には、営業部門からは、上司と私、そして一歳年下の同僚が出席することになりました。

上司は寡黙で、何を考えているのかよくわかりません。私が、言われたとおりに営業をしていても、突如、怒りだすことがあるのです。理不尽な態度だといつも心の中で憤慨していますが、上司だから仕方ありません。気分屋なのではないかと思っています。

同僚は、一歳年下の中途採用者です。上司に気に入られようとして、たいした用もないのに話しかけてきたり、営業の同行を求めたりしてきます。うまく上司に取り入って、営業成績をキープしているため、職場でも大きな顔で他の同僚たちと話をしたりしています。話の内容は、自分の趣味の自慢など、どうでもよいことばかりです。口先だけで生きているように見えます。

そんな上司と同僚と会議に出席することになった私は、憂鬱な気持ちでした。日頃、まったく交流のない商品開発部門の面々と顔を合わせるくらいなら、取引先に頭を下げて、受注を少しでも増やしてもらう方がマシです。「会議に出席するよりも、取引先に行きたい」それが、私の素直な気持ちです。

会議の内容は、「受注を上げるために効果的な新商品をいかに打ち立てるか」というものでした。大手企業が新商品の開発でしのぎを削る中、当社のような中小企業で何ができるというのでしょうか。会議では、商品開発部門からのいくつかの提案があり、それに対して、営業部門の私の上司が反対意見を述べます。いわば、話は平行線。商品開発部門と営業部門との対立が露呈した形です。

「君はどう思うかね」

そう上司から言われたのは、同僚でした。

私より年下で社歴も浅い同僚に、上司は真っ先に意見を求めたのです。日頃から上司に取り入っている策が、見事に功を奏したといえるでしょう。

「販路を拡大するには、ターゲット・ユーザーの層を変えるべきだと思います。今の当社の商品とも競合しない新商品が望ましいと思います。それには、別の角度の商品開発が必要ではないでしょうか」

同僚は、こんな当たり前のことをベラベラとしゃべっていました。そんな商品開発ができるならば、誰も苦労はしません。まったく社内の事情をわか

っていないと思っていると、

「うん、確かにそうだが、その新商品のアイデアはあるのかね？」

「はい」

同僚は、待っていましたとばかりに、絵空事のような企画案を話し始めたのです。

驚きました。会議に出席した人々が、その話に聞き入っているのです。

そのとき、気付きました。同僚が、日頃からくだらない話をしていたのは、上司のみならず、いろいろな部門の上司にも気に入られようとしていたのだと……。

同僚の作戦にはまった人々は、彼の言うことが正しいと信じているようです。その日は、同僚の独壇場で会議は終わりました。

私は、お世辞を言って上司に取り入るタイプではありません。真面目にコツコツと業績を上げ、その仕事ぶりこそが評価の対象になると信じていました。上司に言われたことをきちんと行っていれば、それが社内での評価につながると考えていたのです。

しかし、気分屋の上司と口先だけの同僚によって、見事にそれを崩されました。

その後、会議に出ても、真っ先に意見を求められるのは同僚です。私は軽んじられています。一〇数年間、この会社のために営業マンとして一生懸命働いてきたのに、その努力は同僚の話術で打ち砕かれてしまったのです。

「○○君は、どう思うかね?」ようやく上司から声がかかり、私は同僚の意見と同じだったので、それに賛成であることを述べた上で、付け加えるかたちで私の意見を発表しました。出席者全員が、同僚に肩を持つ中で、反対意見を言える雰囲気ではありません。私の発言を受けて意見を述べたのは、やはり、同僚でした。

同僚の意見は、私の意見を繰り返しただけだったにもかかわらず同席していた誰もが絶賛し、私の意見は無視された形となったのです。

いつの間にか、私は、同僚の引き立て役になっていました。

正直、上司と同僚の罠にはまったように感じます。意見を求められて何かを言えば、それを受けて同僚が絶賛される意見を述べる。その繰り返しです。そんな引き立て役がイヤになって、意見を求められても、「特にありません」と答えるようになりました。

そんなある日、その同僚から「○○さん、ちょっと飲みに行きませんか?」とみんなの前で誘われ、断りきれずに付き合ったことがありました。何か特別な話があるのかと思ったのですが、彼が話す内容は、趣味や業界の話など、つまらないことばかり。カラ返事でうなずくしかありませんでした。その日以来、同僚は私を避けるようになったのです。

以前は、くだらない話をしてきたのですが、今は事務的な要件しか言いません。他の同僚も私を避けているようで、雑談をしていても私が近づくと止めてしまいます。会議でも、まったく意見を求められなくなりました。

仲間外れのような状態になってしまったのです。同僚が何かありもしないことを言いふらしたに違いありません。

一生懸命働いているのに、こんな仕打ちを受けるなんて思ってもいませんでした。集団いじめで、全員から無視されているような状態が続いています。

「仲間との間に疎外感を抱いている」あなたへの所見

日ごろから同僚や上司に口でうまく取り入って、気に入られようとしている調子のいい年下の同僚。お世辞を言って上司に取り入る態度が気に入らない。会議に出れば、そんな同僚の陳腐な意見にみんな耳を傾ける。なるほど、日ごろの調子良い態度は、こうやってみんなの気を引く作戦だったのか。自分はキャリアもあるし、仕事に自信があるのに、単に姑息な手段で人気をとっている後輩の意見に耳を傾ける上司たちに、なんともいえない矛盾を感じて苦しむ。そんな後輩との距離が、なぜか社内で孤立を生む状態にまで発展して悩むあなた。

わかりました。そんなあなたによく効く処方箋をだそう。

・処方箋⑦―先に相手の意見を聞いてから自分の意見を述べる

「相手の意見に耳を傾けること」と「自分の意見をきちんと主張すること」は人間関係を築く基本。順番は、先に相手の意見。その後に自分の意見。相手の考えていることを咀嚼《そしゃく》し、置かれている立場を理解することが大切。

・処方箋⑧―大きな目標を理解し、それを達成することに集中する

あなたが属する会社という組織にとっての大きな目標は何か。それを明確にして、大きな目標を達成することに集中する。

・処方箋⑨—人間の究極の本心を知った上で行動する

「人間の究極の本心」とは、人間の心の奥にある「すべての人と仲良くなりたい」という心。その心を知った上で行動することが大切。

では、各処方について具体的に説明しよう。

処方箋⑦
先に相手の意見を聞いてから自分の意見を述べる

仕事ができる人を大きく分けると、次の二つのタイプになる。

「作業ができる人」と、「人間関係がうまい人」である。

人間関係が苦手な人は、実は仕事が下手な人だといってもいいのだ。

あなたが、ずば抜けて作業ができる人だとする。そして、そのあなたが職場のリーダーだとする。もしも、突然あなたの周りにいる部下たちが、一切あなたの指示を聞かなくなったら、仕事は当然ストップしてしまう。ということは、あなたは個人的にどれだけ作業をこなせたとしても、「仕事ができない人」になってしまうのだ。

つまり、「チームワーク」と「作業の遂行」が揃ったとき、本当に「仕事ができる人」になるのである。「人間関係がうまい人」ほど仕事ができるのである。人間関係さえうまくいけば、相手は気持ちよく仕事を受けてくれるし、サポートしてくれる。逆に、人間関係が下手なら、仕事は滞るし、良い結果も生みだせない。

「作業ができる人」とは個人的な範囲での評価である。どんなに優れた技量をもっていても、チームワークを必要としない職人の世界の話なのだ。

あなたも人間だから感情はあるだろうし、好き嫌いはあるだろう。しかし、社会はそんなに甘くないのである。

あなたの場合、「人間関係のもつれ」が生じて悩んでいるというよりも、自分勝手な「妄想」を膨らませ、人間関係を悪化させる方向に突き進む傾向が見られる。

「妄想」とは、自分の頭の中で勝手な想像を思い巡らせることだ。

そして、「妄想」は放っておくと、どんどん膨らみ、その膨らんだ「妄想」という架空の世界に私たちは囚われて苦しむことになる。

つまり、自分一人の世界に陥っているのだ。

「妄想」は、一人で「きっとアイツはこう思っているんだろう」とか、「アイツにはわかるわけがない」「どうせ自分には無理だ」という一人相撲の世界だ。

それに対して「人間関係のもつれ」には相手がいる。

現実に自分と異なる対立する相手の意見があるため、その相手との摩擦の中で気付きや学びがあって、人を成長させてくれる。

「妄想」には、そうした相手から異論、反論が入ってくることがない。だから自分の勝手な解釈で終わってしまい、進歩しないのである。

人というものは、異論、反論が入ってきたとき、その摩擦がきっかけになって本当の意味でいろいろなことがわかってくるものなのである。

では、この「妄想」から抜け出す一番の方法は何か。

それは、「自分の考えをきちんと相手にぶつけていくこと」である。相手にきちんと自分の意見を主張することなのだ。そうすれば、相手もその主張について意見を述べることができる。そこで初めて自分の考えについて、相手がどう見ていたのかがはっきりしてくるのである。

しかし、このときのポイントは、「先に相手の話を聞く」ということである。「その件について、もう少し理解を深めるために、お話をお聞きしたいのですが」というように、相手を理解しようという姿勢で、相手の考えを聞くことが大切なのだ。ここを見落として、自分の意見だけを主張しようとするからぶつかるのである。

そして、相手の話を聞いて、より相手の主張や立場を理解した上で、あなたの意見をきちんと述べる。「私はこう思っているんですけど、どうでしょうか」と。

自分ひとりの「妄想」では、コミュニケーションは成立しない。「口」と「耳」をうまく使うことがコミュニケーションというものである。それが人間関係を円滑にする第一歩なのである。

このことによって、相手の考えが、あなたの「妄想」と違っていたという事実に気付く場合もある。その事実を知った瞬間、あなたの「妄想」は、夢から覚めるようにパッと消え去ってしまうのだ。

当然、ここから、事実としてのお互いの意見の違いが明確になって「人間関係のもつれ」に発展する場合があるかもしれない。

しかし、それでよいのである。

その事実に基づいて手を打っていけるからである。問題は「妄想」のまま一人相撲をして苦しむ状態から抜け出すことである。

先に相手の意見を聞き、そして自分の意見を述べる。そのことで、頭の中の勝手な「妄想」から脱し、本当の人間関係の構築へと進む。

この繰り返しで「人間関係がうまい人」になれば、あとは「作業ができる人」になる努力をするだけだ。その積み重ねが、あなたを「仕事ができる人」へと成長させるのである。

次に、不必要な「妄想」を一瞬で消し去るために重要なポイントを処方箋⑧で説明しよう。

処方箋⑧
大きな目標を理解し、それを達成することに集中する

大きな目標を理解することが重要である。

例えばスポーツなら、チームの大きな目標が優勝することだとする。それがわかって、次に自分のやるべきことが明確になるのだ。目標に向かって集中していれば、「人間関係のもつれ」も「妄想」の中で苦しむこともないのである。

職場の仕事を野球に例えてみよう。

当然同じチームメンバーは全員味方である。ところがチーム全員が自分の好きな人ばかりとは限らない。

しかし、チームの目的は、「試合に勝つ」ということだ。勝つという目的のためには、嫌いな人にも送球し、ボールをキャッチしてもらいながら、勝利を目指さなくてはならない。

つまり、目標を明確にし、得点を入れることだけを考えれば、人の好き嫌いを超越でき、グランド上での、「人間関係のもつれ」が解消されるのである。

それは職場も同じだ。仕事をやり遂げるためには、好きとか嫌いとか言っていられない。それがプロとして仕事をしていくというものなのである。

チームの大きな目標から見たら、「人間関係のもつれ」を持っていようが、「妄想」を持っていようが関係がない。それはチームにとっては個人的な問題であって、何の意味もないのである。すなわち、「人間関係のもつれ」の問題があったり、「妄想」で悩んでいるということは、個人のことを考えているレベルなのである。

イチロー選手や松井選手が「打てなかったのは人間関係がまずかったからだ」では話にならない。チームが優勝するという大きな目標のために、自分はどう貢献するかということに集中していくと、「人間関係のもつれ」どころではなくなるのである。

ある集団の一員である以上、大事なのはチームの勝利であって、組織にとっての成果を上げることなのである。どんな状況であろうが成果を上げなければ、通用しないのがプロの世界なのだ。本来、「人間関係のもつれ」や「妄想」など、仕事にはまったく無用なのである。だから、早く大きな目標を理解して、その達成に集中する必要がある。

その理解を深めるために重要なのが次の処方箋⑨だ。

処方箋⑨

人間の究極の本心を知った上で行動する

大きな目標は、チームを一つにまとめることができる。

それは目標に向かって、各自が集中するからである。そして、その目標を達成するには、仲間の連携、チームワークが重要だということに気付くことができる。

大きな目標を理解することは、自分と相手に良好な人間関係を生み出すのだ。そして、この理解が深まってくると、大きな目標のバックグラウンドには、人を動かす別の目標が隠されていることに気付くことだろう。

それが「人間の究極の本心」なのである。

人間には誰にでも、究極的には「すべての人と仲良くしたい、仲良くなりたい」という心がある。

その心こそ、「本当の自分」の心なのである。

それは、あなたがそのことを知っていようが知るまいが、信じようが信じまいが、厳然たる「事実」としてある。

それが、大きな目標のバックグラウンドなのだ。

だから、あなたの周りにいる人は、現在どんな状態だろうと、深い部分では絶対にあなたとうまくやりたいはずなのだ。

たとえ今、現実的にあなたとの関係が悪い人がいたとしても、「人間の究極の本心」という観点から見たら、本当はその人はあなたのことが大好きなのである。

これは真実なのである。

「仲間との間に疎外感を抱いている」あなたへのアドバイス

誰だってみんな仲良くなりたいし、調和したいし、愛されたいのが大前提なのだ。

だから、あなたは相手の言っていることの奥の部分に耳を傾けよう。そして、相手を理解しようという姿勢を持って、先に話を聞く。その上で、当然あなたの「わかってもらいたい」という気持ちを相手に伝えるために、自分の意見をしっかり表現しよう。

あなたが今、どんな仕打ちを受けていたとしても、常に人間の究極の本心に焦点を当てて、その前提で考えてみよう。

事実、あなたは今の職場にいるではないか。

ちゃんと給料をもらっているではないか。

そういう事実から捉えていこう。

あなたが、今の仕事についているということは、すでに認められているという証明なのである。その大きな単位の中で、同じ大きな目的を目指しているのだ。その大きな目標を理解して集中しよう。

そうは言っても、あなたには「人間関係のもつれ」があるかもしれない。人間関係がある以上は、それは避けて通れないものなのだ。

しかし、あなたは事実、誰のことも大好きなのだ。

職場の人たちも、本当はみんな全員が好きなのだ。

「え？　俺あいつは嫌いだよな」と思っている人も、あなたの心の深い部分では大好きなのだ。

社長も上司も後輩も同僚も全員、あなたが嫌いな人は一人もいないのである。

「本当のあなた」の心には、「人間関係のもつれ」の問題も、「妄想」の悩みもないのである。それが事実なのである。

殺伐とした社内の雰囲気に息が詰まる

大学卒業後、二〇年近く勤めた企業が倒産し、転職した先はＩＴ関連の企業でした。

私自身、コンピュータシステムの知識はほとんどありませんでしたが、長年、営業を行ってきた実績を認められ、転職することができたのです。

ＩＴ関連の仕事にはスピードが求められます。一般的にも、ＩＴ関連の企業は、ソフトやコンテンツなどを他社に先駆けて開発し、シェアを他社よりも早く獲得しなければならないことが知られています。そのため、転職先はパワフルで活気が溢れていると考えていました。

ところが、入社して驚いたのですが、この会社はＩＴ関連企業のイメージを覆すような職場だったのです。

パワフルでもなければ活気もなく、とにかく暗い。パソコンに向かいながらキーボードを叩く社員は、眉をひそめ、暗い面持ちで挨拶の言葉すら気軽にかけられる雰囲気ではありません。出社して、座っている社員の後ろを通っても、誰一人「おはようございます」とは言わないのです。

以前の職場も、業績が上がらず沈滞ムードで暗い雰囲気でしたが、挨拶だけは交わしていました。しかし、今の職場は、朝出勤しても誰も声をかけようとはしないのです。黙々とデスクに向かい、電話応対をしたり、パソコンに向かったり……。

今の会社も、確かに業績は思わしくありません。競合企業としのぎを削り、なかなか思うように営業実績が上がらない状況が続いています。値段があるようでないビジネスで、当然のことながら給料も安いのです。少ない給料でノルマだけは課せられる。ストレスを抱えながら、社員は仕方がなく仕事をしているという感じです。

私自身は転職してまだ日が浅いので、それほど厳しいノルマはありませんが、開発部門などの社員は、相当厳しい状況にあります。納期に間に合わなければ、すべてが水の泡。契約金が受け取れないだけでなく、それまでの開発コストはすべて持ち出しになってしまうのです。つまり、赤字になります。

それを防ぐために必死にパソコンと向き合っている社員は、まさに鬼のような形相です。安い給料のことを忘れ、ノルマだけに追いかけられているようで、誰かに邪魔されればキレてしまいそうな雰囲気です。まるで何かに取りつかれているかのように、黙々と仕事をしています。そんな人々に気軽に声などかけられません。

シーンと静まり返る中、キーボードのカチャカチャという音が聞こえ、電話のベルと、受話器を取ってボソボソと話す声だけが響きます。大フロアの中で机が部門ごとに分かれているだけなので、別室へ逃げることもできません。本当に息が詰まります。

社員同士が会話をするのは仕事に関してだけのようです。私も、営業先で受けた案件を頼むために話したのが、同僚との一番長い会話でした。

あのときも、「○○社からこう言われているけれど……」と話しかけたときに、最初はすごい形相でにらまれました。その同僚は三〇代半ばのソフトエンジニアなのですが、横目でキッと私を見るなり「ちょっと待って」と言ってしばらく作業を続けていたのです。呆然として五分ほど彼の横で立っていました。すると、私の方をイスをクルリと回転させて向き直ると、「なんですか?」とぶっきらぼうに言います。案件を伝えると、「わかりました」と言ってまたクルリとイスを回転させて、作業に没頭し始めたのです。一分一秒でも、時間を無駄にしたくない気持ちはわかりますが、もう少し、人間的な接し方ができないものかと思います。まるで、同僚たちは、機械の一部と化しているようなのです。

驚いたことに、私が頼んだ案件は翌朝出勤したときには片付いていました。「もうできたの?」と聞くと、「昨夜、仕上げました」とだけ言って作業に没頭しています。彼の服装をよく観察すると、前日のシャツと同じものを着ていました。どうやら、徹夜をして仕上げてくれたらしいのですが、それを尋ねられる雰囲気ではありません。残業代も出ないのに、なぜ、そこまで没頭できるのか私には理解できないのです。

職場の雰囲気というのは、会社ごとに違うというのを転職して初めて知りました。挨拶を交わし、会話をするのが当たり前だと思っていた職場は、決してどの企業でも同じではないことを痛感しています。社員の誰もが、少ない給料にも関らず機械のように働く様子は、異様としかいいようがありません。こんな暗い職場にいては、私自身がうつ病に冒されそうです。

最近、職場へ行くのがつらくなっています。酒を飲んで気を紛らわしたいところですが、元来、酒に弱く、それもままなりません。布団に入ったときに、なんでこんな職場に来てしまったのかと後悔しています。

転職も考えてみました。でも、今の会社に転職したときも相当苦労しただけに、ここを辞めてしまうと次に再就職できる希望はまったくありません。

起業家になるアイデアや資金もなく、八方塞《ふさ》がりの状況といえます。相談できる相手もいないため、一人で悩む日々が続いているのです。

「殺伐とした社内の雰囲気に息が詰まる」あなたへの所見

勤めた会社の倒産を機に転職したIT企業。活気あふれるパワフルな職場をイメージしていたが、現実は暗く、挨拶すら交わされることがない。ノルマに追われ、ひたすら自分の仕事に集中する殺伐とした雰囲気。仕事上のことでコミュニケーションをとろうとしても、冷たい対応で、言われた作業をただ機械的にこなすだけ。その用件以外は口にするなと言わんばかりの態度。この息が詰まるような職場に嫌気がさし、「うつ状態」に。早くも転職を考えるが、転職の苦労を考えると行動できず、かといって起業のアイデアも資金もなく、悶々と後悔と不安の日々を悩んでいるあなた。わかりました。あなたに最適な処方箋をだそう。

・処方箋⑩―笑顔を絶やさない
誰に対しても、常に笑顔で接することが大切。露骨なつくり笑顔にならない意識が大切。瞬間的にニコッとすることがポイント。

・処方箋⑪―ハキハキテキパキした行動をとる
返事は明るく、歯切れよく、ハキハキと話をする。行動は常にテキパキと行う。

・処方箋⑫―人が嫌がることを喜んでやる

人が嫌がる仕事を喜びを持って進んでやる。その仕事こそ自分の役割だと捉えるのが重要。

・処方箋⑬—ありがとうの感謝の気持ちを持つ
誰に対しても、どんなことに対しても「ありがとうございます」と応えるように心がける。とにかく「ありがとう」という感謝を示すこと。

では、各処方について具体的に説明しよう。

処方箋⑩
笑顔を絶やさない

とりあえず、シンプルにできることは、誰に対しても笑顔で接することである。
好きな人に対しても、嫌いな人に対しても見かけたら瞬間的にニコッとするのである。恥ずかしいという気持ちが邪魔をするのなら、それを徹底的に訓練することだ。

私は十代の頃までは非常に恥ずかしがりやだった。好きな女の子に一年間、一言も声をかけられない状態だった。学校の先生に指名されて、前で何か話すように言われてもボーッと突っ立ったまま顔を真っ赤にしていたこともあった。

私はそんな性格を克服するために、駆け出しのセールスマンの頃に笑顔の訓練をした。道を歩きながら、すれ違う人すべてにニコッと笑顔を向けるというものだった。まったく知らない人にも関係なくニコッとやった。訓練を始めた頃は、まだぎこちない笑顔だったので若い女性などは気持ち悪がって逃げていったものだ。それでも、続けるうちに向こうも笑顔を返してくれるようになったのだ。そして最終的には、いつでもどこでも、寝起きでもパッと最高の笑顔ができるようになったのである。

たとえ誰であろうが自分から先に顔をニコッとするのだ。

ムスっとした表情で暗く元気がなければ、相手は「何か自分がまずかったかな」と誤解する可能性がある。「人間関係のもつれ」の始まりやきっかけは、案外そんなところにあるものだ。まず、誰に対しても顔を合わせたら瞬間的にニコッとすることを意識的にやってみよう。

笑顔にお金はかからない。非常にシンプルだ。しかしこれは、人生を一変させる秘訣といっても過言ではない。だから始めは、「今日一日、笑顔を意識しよう」と決意してやってみよう。その効果に「アレっ、なんか違うぞ」と感じるだろう。

それができたら、次は一週間やってみよう。笑顔を一週間意識して実践したら――あなたは頼まれてもこの秘訣をやめられなくなるだろう。

そして同じようにシンプルだが非常に大きな効果のあるもう一つの方法を、次の処方箋⑪で紹介しよう。

処方箋⑪
ハキハキテキパキした行動をとる

人に呼ばれたら、元気よく「ハイッ」と歯切れよく返事をしよう。そして、サッとその人のところへ行くのだ。

上司に呼ばれた場合は、すぐに手帳とペンを出して、指示を書き留められるようにしておく。行動は常にテキパキと行うことを心がけよう。

また、テキパキと行動するために必要な環境がある。それは、身の回りが整理整頓された状態であることだ。そうすると、すばやく必要なものを取り出して作業に取りかかれるので、行動もテキパキとれるようになる。

常に整理整頓を心がけ、いつでも効率よく動ける環境を準備しておこう。

処方箋⑫
人が嫌がることを喜んでやる

人が嫌がる仕事は「私がやらせていただきます」と言って、あなたから率先して行ってみよう。そうすれば、あなたは人から必要とされ、喜ばれる、頼られる存在になれるのだ。それは、あなたにとっても大きな喜びになるだろう。「なんで、そんな損な役回りを、率先してやらなきゃならないんだ……」なんて声が聞こえてきそうだが、そう思ってしまうのは、このことによって得られる大きな喜びや財産を味わった経験がないからである。

実は、損をするどころか、このことがあなたの人生にもたらす財産は莫大なものであって、非常に得をすることなのだ。

「人が嫌がることをあえてやる」ことを通して、あなた自身に非常に大きな力がつく。あなたはその仕事によって間違いなく能力的にも人間的にも成長できるだろう。こうしてあなたは自己成長の喜びを味わうことができるのである。

要するに、「人が嫌がる仕事を率先して行なう」ことによって、「人から必要とされ喜ばれることによる喜び」、そして「自分が成長することによる喜び」という二重の喜びを得ることができるのだ。

このことは、始めは理解できなくても、意識的にやってみよう。やがて、その「嫌な仕事」が、本当に楽しく嬉しい仕事になってくるだろう。

「人が嫌がる仕事」を見つけたら、「それをするために自分がいるのだ」と思うのが正しい捉え方なのである。

処方箋⑬
ありがとうの感謝の気持ちを持つ

どんなときでも「ありがとう」。

叱られても「ありがとう」。

怒られても「ありがとう」。

これは事実なのだ。理由は後からわかってくる。

すべての人、すべての出来事はあなたを成長させてくれるありがたい人であり、ありがたい出来事なのである。その瞬間にそれがわからなくてもいいのだ。とにかく、「ありがとうございます」と言ってみることである。

何がありがたいのかは後から理解していけばいいのだ。「感謝の心」に、理屈は不要なのである。

あなたは、重い雰囲気の職場に入ったことを機に「私が職場を変える救世主になるんだ」と勢いよくやるのもいいだろう。

また、そんな大上段に構えなくても、こっそり、この処方箋を行動に移してみるのもいいだろう。

とにかく、これをチャンスと捉え、あなたの職場がだんだん変わっていくのをあなたは楽しめばよいのである。

この処方箋を実践していけば、間違いなくあなたは、その職場を天国に変えられることだろう。やがて、みんなが同じように調和していくだろう。そして、そのままの心で家に帰れば、家も明るくなっていくのだ。

あなたの気持ちが変わるから、職場が変わるのみならず家庭も変わるのである。

さらにそのことが、あなたの未来、そして人生を変えていくのである。

なぜなら、こうした人間関係の問題を改善するための経験を積み重ねていくことで、あなたは、すばらしい人生を実現する究極の世界に導かれるからである。

あなたが全身で、すべての人を愛せるような世界が待っている。

すべての人が味方になってくれる究極の世界である。

その世界とは、実は、あなたの心の奥にもともと存在する。

それこそ「本当のあなた」なのだ。

「人間関係のもつれ」であなたを悩ませた全員が、あなたを成長させるために出会った協力者だったという事実を、あなたは知ることになるだろう。

「殺伐とした社内の雰囲気に息が詰まる」あなたへのアドバイス

もし、いまの環境にいなかったら気付けなかったこと。

もし、その出来事がなかったら、一生開花しなかったかもしれない才能。

その人との出会いがなかったら、そこまで考えが深まらなかったこと。

自分自身を省みてほしい。今のあなたの才能や考え、人間的な深みや幅というものはどのようにして身についたのだろうか。それはあなたの過去の出来事や環境、むしろ一見悪いと思われるような状況をなんとかしようとした結果、開花したものが多いのではないか？

このことは、こじつけのプラス思考とは違う。これが事実であることは、あなた自身のことに照らし合わせてみればわかることだろう。

もし、自分の与えられた環境に不平や不満がわいてきたとしたら、こう捉えよう。

「この事態を何とかする役割があるから、自分がいるんだ」と。

与えられた環境に、明らかに不備やマイナス面があるとしたら、それをそのまま放置しておくことは、組織にとってもそこで働く人にとっても当然良いはずがない。

しかし、そのまま気付かずに平然としていられ、また、不満があっても我慢して現状に甘んじている人もいるのだ。では誰がそれを解決するのか？

不平、不満を感じて、そのことで悩む。言い換えれば悩めるということは「それに気付ける自分がいる」ということなのだ。つまり、気付いた人がアクションを起こす役割があると捉えたほうがよいのである。

あなたに与えられた環境が、実はあなたを成長させ、あなたの才能を開花させ、そして本当の役割に導く最高の財産であることが、この処方の実践によって見えてくるだろう。

同期が先に出世し取り残されたと感じている

私はあるメーカーで広報の仕事をしています。

三六歳になる今日まで、約一〇年間、この会社で広報マンとして活躍してきました。

私と同じ年に入社した者は一二人います。最初は営業部で揉まれ、そののち各部署に振り分けられました。営業部から広報部に配属されたのは私だけでした。

学生時代から広報の仕事に就くのが夢でしたから、在学中より夜間の英会話学校やパソコン教室に通って、英語力やパソコン操作を身につけてきました。その甲斐あって、大学を卒業するまでに英検二級の資格を取得し、パソコンも表計算から商業デザインまでたいていのことはできるようになっていました。ですから、私の場合、仕事にはすぐに慣れ、半年もしないうちに部内の即戦力となることができました。この仕事は自分の能力をフルに発揮できるので、やりがいがあります。

部内では、私は一貫してメディア向けの広報活動を担当してきました。わかりやすく言うと、新聞、雑誌、テレビ、ラジオなどのメディア関係に我が社の情報を提供したり、業務内容を伝えたりする仕事です。そのためメディアからの取材に応じたり、記者発表会や社外セミナーを行ったり、あるいは各種のイベントを開催したりもします。記者発表会や社外セミナーのための資料を作成したり、公表する資料にミスがないかなどのチェックをしたり、イベントをする際には綿密な段取りをするのも私の仕事です。

メディアに対する活動だけを見ると、一見華やかに見えますが、実際には関係者との調整や折衝をはじめとして、裏方的な仕事が数多くあり、傍目ほど華やかなものではありません。どちらかというと変化のないダイナミックさに欠ける地味で面白みのない仕事だといっていいでしょう。

広報の仕事は職能的要素が強いために、上からの指示というものはほとんどありません。スタッフそれぞれが専門的なスキルを持ち、自分の考えで動きますから、その点では上からの指示や命令に従って動く営業部や製造部門の人たちの仕事とは色合いをやや異にしています。

広報部は総勢一二人。社内ではもっとも少数の部署です。しかも部長一人を除いて全員肩書きなしです。各スタッフには派遣スタッフも数名ついていて、補佐役をしてくれていますし、仕事の内容によっては随時多数の外部スタッフと組んだりすることもあります。最小部署ですが、少数精鋭の最強部署だと思っています。

広報部も会社という組織の一部門ですが、スタッフ集団でもあるので、部内の雰囲気は自由でのびのびしています。他部署では「～部長」「～課長」と役職名で呼び合っていますが、うちの部では部長以外は上下の関係はまったくなく、お互いに「～さん」と呼び合っています。

そういうこともあり、私自身（おそらく広報部の他のスタッフも）役職にはまったくと言っていいほど関心がなく、意識したこともありませんでした。

しかし入社して十年目を過ぎたあたりから、別の部署に配属されていた同期の仲間が係長に、あるいは課長に昇進していくのを見て、何となく不安を覚えるようになりました。それでも、「俺はやりがいのある仕事をしているんだ」「自分の能力を十分発揮できる仕事をしているんだ」という自負もあって、そんな気持ちを打ち消してきました。

ところが、後輩たちまでも次々に昇進していくようになると、再び不安が頭を持ち上げてきました。それは不安というより「焦り」のようなものでした。

「俺は同期の仲間や後輩からも取り残されていくのではないか……」

仕事をしていても、こんな不安から逃れることができないようになったのです。そのせいか、以前はときどき同僚や後輩たちと飲みに行っていたのですが、いろいろと理由をつけて誘いを断るようになり、次第に疎遠になっていきました。自分から彼らを避けるようになったのです。

「三十半ばを過ぎているのに、いまだに昇進できない自分とはいったい何なんだ。俺の仕事は価値のないものなのか。いや、俺自身が価値のない人間と思われているのではないか……」

仕事に対する疑問は自分自身の能力に対する疑問へと変わり、急に自信喪失に見舞われるようになりました。それまで自信を持ってやってきただけに、落ち込みも激しく、会社でも家庭でも無口になっていきました。

私は根が朗らかな性格で、冗談を言って人を笑わせるのが好きなのですが、最近ではほとんど冗談を言うこともなくなり、大きな口を開けて笑うことも少なくなりました。常に頭の隅に不安を抱ているので、とてもそんな気分になれないのです。

「俺はなぜ昇進できないのか。初めは同じスタートラインに立っていた同僚たちが、どんどん出世しているというのに、俺はまだそこから一歩も出ていないではないか。いったいどうしてなんだ……」

原因についていろいろ考えてみました。どう考えてみても、私は出世した同僚たちより劣っているとは思えません。内心では自分のほうが能力も実力もあると思っているくらいです。

「だとしたら何なんだ」、そう思って考えつめてみるうちに、ハタと気が付きました。「そうだ、この広報部というセクションにいるからなんだ」と。

改めて見回してみると、スタッフは私同様、昇進している者は一人もいません。相変わらず部長以外は役職名のないまま、それでも喜々として仕事をしています。

「彼らは俺が抱えているような不安を覚えたことはないのだろうか……」

聞いて確かめる勇気もありませんが、最近では広報部そのものが「落ちこぼれ集団」ではないかと思い始めています。営業センスがなかったからここに回されたんだと、今さらながら落ち込んでいます。それまで自分を含めて「有能なスタッフ集団」と思い込んでいたものが、急に「おめでたい脳天気集団」に見えてきて仕方がありません。

「同期が先に出世し取り残されたと感じている」あなたへの所見

配属された部署の職能柄、一般的な部署より出世や役職に対する関心が薄く、そのことにあまり意識をしていなかった。入社十年目を過ぎたあたりから、気付くと同期はどんどん役職がついて出世していっていた。急に、同期に取り残されたと感じ、「焦り」の気持ちが生まれる。それを機に、自分の能力に疑問が芽生え始め、自信喪失。落ち込んで、職場や家庭でも無口な状態に。

だが、よくよく考えても、他部署の同期に比べて自分の実力が劣っているとは思えない。どうやら原因は、自分の部署にあるんだという気持ちが生まれてきて、今までは誇っていた自分の役割を完全に見失っている。そんな境遇を恨んで落ち込むあなた。

わかりました。そんなあなたにピッタリの処方箋をだそう。

・処方箋⑭—自分を知る
自分が誰なのか？　しっかり理解し、ありのままの自分をまず認める。

・処方箋⑮—「過去の自分の体験」や「自分の欲望」から自分の特性を探る
自分の過去を回想し「何に、どのように成功したか」「何に、どのように失敗したか」という視点で過去のパターンを冷静に見る。あなたの心の中に渦巻く欲望を見る。「自分は何が欲しいのか」「何がしたいのか」その欲望の出所を探っていく。

・処方箋⑯―過去の自分と比較する

自分を他人と比較せず「過去の自分」とだけ比較する。そして、自己の成長を認める。

・処方箋⑰―心（内面）を磨いていく

自分の心に化粧をして綺麗に見せたりしない。自分の素顔、つまり本心を冷静に見つめ、内面を磨いていく。

では、各処方について具体的に説明しよう。

処方箋⑭
自分を知る

人には、後輩や同僚が出世したところで何とも思わない人がいる一方、ものすごく腹を立てて、悔しがる人もいる。また、人の上に立ったり、責任者になったりするのが嫌だという人もいる。

このような人は、「出世しなくてもいい、俺は楽なほうがいいんだ」と、思っている人だ。

これらは、各自が持っている特性なので、それはそのまま受けとめて、「こういう自分がいるんだ」と見たほうがいいだろう。

「出世する人」や「給料を多くもらっている人」を見て落ち込むということは、「羨望」の心があるからなのだ。「羨ましい」「妬ましい」という感情は、自分がそれを欲しいのに、手に入らない状態のときにわき上がる気持ちである。

ではなぜ「羨ましい」「妬ましい」という気持ちが生じるのか。

それは、人と比較をするからである。

「私は私、人と比べない」という人にはあまり「羨望」の気持がわいてこない。人と比べる気持ちが強いと、どんどん出世していく人に対して「羨望」する気持ちが渦巻いてくる。そういう人は、上を見たら劣等感があるが、下を見ると優越感を持てる、という状態にある。

同じ自分が見ているのに、上を見て劣等感、下を見て優越感があるというのは、どういう心の状態なのだろうか。

劣等感や優越感を感じる基準は、自分の心の中に設けている場合が多い。

つまり、自分の心の中にある一つの価値観を、外の環境にあるものと比較して、あるものには優越感、あるものには劣等感を感じているのだ。もともと比較がなければ、優越感も劣等感もないのである。

例えば、猫が牛を見て大きさに劣等感をもち、小さな虫を見て優越感に浸るようなものである。「自分は猫なんだ」と知ることができたら、牛を見ても虫を見ても動揺しないはずなのだ。

上ばかり見ていつも劣等感に悩んだり、下ばかり見ていつも優越感に浸ったりしていては、常に自分の心の状態は環境に左右されることになる。

「上も下もないんだ、自分は自分の特性を生かすことだけを考える」という生き方がある。そのために大事なのは、自分はどういう特性があるのかという「自分を知る」ことだ。自分の特性を生かすことを考えていれば、優越感も劣等感も起こることはない。

では、この「自分の特性」を、どのようにして発見できるのか。それを次の処方箋⑮で説明しよう。

処方箋⑮
「過去の自分の体験」や「自分の欲望」から自分の特性を探る

人との比較で苦しまないためには、「自分」というものを見つめていく必要がある。

自分を見つめていくときに大事なことは、「過去の自分の体験」を見ることと、「自分の欲望」を見ることである。

目的は、「自分の特性を知る」ことだ。

自分がどういう体験をしてきたのか？　もちろん、過去に何をしていようが、現在何をやっていようが、それぞれの体験を通して最終的な「自分の特性」がわかってくればいいのである。

特性を発見するポイントは、過去のさまざまな体験の中で、スムーズに「スッスッ」とできたものは何か？　である。

誰でも、本人の特性が生かせる道にはまると、スムーズに行ける。あなたにとってもっとも良い自分の道があるのだ。周りの誰も知らないし、あなた本人も気付いていないかもしれない。あるのだけれど、それに気付かないことがほとんどである。

このように、「過去の自分の体験」に「自分の特性」を知る大きなヒントがある。

しかし、それを発見する目を曇らせるものがある。

一つには「自分の欲望」というものだ。自分の価値観は、「自分の欲望」からも形成される。そして自分の心の中に形成された価値観が、「自分の特性」を素直に認めることを妨げてしまう場合があるのだ。

自分の理想の価値観と比較して、無理やり過去を否定しようとして「俺はあんな特性をもった人間ではない」と思ってしまう場合があるのだ。

「いや、あれが私なのだ」と認めたほうが、かえって本来の「自分の特性」が見えてくることもある。過去の体験、事実をそのまま真実として受け止めてこそ、自分にどういう特性があるのかがわかるのだ。

だから、「あんな人間であるはずはない」ではなく、「あんなはず」でいいのだ。

自分の向き不向き、得意分野や不得意分野、どういうときに力を発揮しているのか、どういうときに力が出ないのか、そういった自分の特性がわかると、あなたの進む道が見えてくる。

また、「自分の欲望」も自分の心にあるということは、それも一つの自分である。

先ほどの「羨ましい」「妬ましい」という気持ちはまさに、「ああなりたい」「あれが欲しい」という欲望から起こるものである。自分の欲望を突きつめていくと、どうしてそのような気持ちが起こるのかわかってくる。「欲望」の出どころを見つめるのも、「自分の特性」を発見する方法の一つなのだ。

では、発見した「自分の特性」を活かしていくために重要なポイントを次の処方箋⑯で説明しよう。

処方箋⑯
過去の自分と比較する

あなたは、認められたい、安心したいという欲求から、自分と他人を比較して、劣等感に苛まされたり、優越感に浸ったりしている。

しかし、自分や他人の置かれる社会的状況は常に変化している。また何より、自分の心は、めまぐるしく変わる。

だから、人に勝っているという優越感は、簡単に劣等感へとひっくり返える。いわば、優越感も劣等感も自分の心次第なのである。

優越感を感じている自分も、劣等感を感じている自分も、実は同じ自分なのである。ただ見る方向が違うだけなのである。自分より無能そうな人と比較して得られた自信は、何かのきっかけで、次の瞬間には粉々に打ち砕かれるかもしれないのだ。ゆえに他者との比較によって人を評価することに、あまりにも偏重しすぎることは望ましくはないのである。

では、どうすればよいのだろうか。

私がお薦めする方法は、とにかく「自分自身に集中する」ということだ。つまり、自分を他人と比較せず、常に「過去の自分」と比較するのだ。そして「過去の自分」と比べて、「現在の自分」がどれくらい成長しているかという視点で常に自分を見るようにするのがよいだろう。

「過去の自分」と比べることに対して意識を向けていけば、出世していく同僚に対する羨望は、薄れていくはずである。もちろん、自己成長の欲求としての出世欲がなくなるわけではない。それは、健全な欲求なのだから。

私は若い頃、徹底的に身体を鍛えた時期があり、毎日のようにボクシングジムやボディビルジムに通っていた。そして毎日腕立て伏せをしていたのだが、初めの頃は、せいぜい数十回であまりできなかった。

あるとき、「よし、今日から一日一回ずつ回数を増やしていこう」と決意し、そのとおり実行した。その決意をした日から一年後、私は腕立て伏せが三〇〇回以上できるようになったのである。もし、数十回しかできないときに、何百回もできる人と比較していたら、挫折していただろう。「自分だって確実に力がつくじゃないか。積み重ねれば、後からきて出世したやつのように出世できるかもしれないな」と、そう思えるような希望を自分に与えていくのだ。

「できない自分」を「他人」と比較するのではなく、まず「できない」という自分を事実として認める。そして、「この自分を変えるんだ」ということからスタートするのである。

「自分を変える」最高の環境は職場である。

職場での仕事を通して、自分自身に集中し、自分のすべての行動パターンや、仕事の仕方を変えてみよう。

仕事は、自分を成長させてくれる縁でもあり、材料なのである。

職場での仕事を、他人と比較せず、あくまでも自分を変える、自分の能力をもっと出して行く場面として捉えていくのである。

「自分の性質を改善していくために仕事があるんだ」、と受け止めていくのだ。

自分の性質を改善することは、自分の意志でできることだ。しかし、このことがなかなかできない。なぜだろうか。それは、自分に対しての「妄信」「過信」である。

「自分はできる人間だ」という思い上がり、思い込みが邪魔をしてしまう可能性があるのだ。この思い込みが「自分の枠の中のやり方で処理をしよう」として、自分の成長にストップをかけてしまうのである。

自分の成長にストップがかかると、自分に変化が起きない分、外部の他人の変化に目がいってしまうのである。

自分に変化を起こすための一歩を踏み出そう。

一歩でも過去の自分よりもできるようになったら、そのことが嬉しくなってくるはずだ。

過去の自分と比べ、一歩、二歩と明らかに成長している自分を認めていこう。こうすることによって、他人の出世などを見て落ち込まない自分が徐々にできあがっていくのである。

また、過去の自分の体験をなるべく数値化するといいだろう。

例えば営業なら、「以前はいくら売り上げたから、今度はそれを一割でもアップするんだ」という目標を数値化して明確にしていこう。事務仕事でも「ここまでの時間帯でここまでの仕事をやる」と時間を設定してみよう。「じゃあ今日はそれより一割アップしてやろう」と数値化することで成長がはっきり認識しやすくなるのだ。

目標は一気に増やさないのもコツである。

毎日少しずつ、一センチでもいいから上にいくという気持ちで繰り返していこう。一センチでも上がった瞬間に、「自分を認める」ような訓練をしていくことである。それを繰り返して一年経てば、相当大きな成長につながっているはずだ。

小さな変化もしっかりと捉え、「自分を認める」というのがポイントである。できることなら「自分を認める」と同時に「誰かに認められる」ようになれば、もっといいだろう。

そこで何度も言うように処方箋①の「コミュニケーション」が大事になってくる。つまり、「ホウ・レン・ソウ」を徹底することである。それも自発的に行ってみよう。上司に報告をすることによって、「おお、なかなかいいじゃないか」と言われたら、当然嬉しくなる。

仕事とは、誰かに認められようということの作業でもあるのだ。商売では、お客さまが認めなければ、お客さまは来てくれない。認めてもらうためにも、「これでどうですか」「ここまででどうですか」と機会あるごとに、自分の出来栄えを見てもらうのである。

このように、過去の自分をありのまま認め、その自分と比較することで「自分の特性」を生かしていける。

では、自分を認めるということの「自分」について、とても重要なポイントを次の処方箋⑰で説明しよう。

処方箋⑰

心（内面）を磨いていく

自分の成長について一センチ伸びているという事実があるのに、「一〇センチは伸びていなければいけない」という価値観があると、それが邪魔をして自分の成長を認められず「たった一センチしか伸びてない」と、劣等感をいつまでも感じてしまうものだ。このような劣等感を抱かないためにも、自分をそのまま見る訓練をしていこう。そうすることでたった一ミリ伸びただけでも喜べるのだ。そのまま見てもらうような訓練をしていけば、落ち込んで「うつ状態」になったりしない。

また逆に、「俺がこの程度のはずはない」と大きいことばかりにこだわっていると、劣等感を持たない代わりに背伸びばかりすることになる。あげくに、無茶なことまでやってしまい、取り返しのつかないことにもなる場合がある。「俺はできるんだ、エイッ」と清水の舞台から飛び降りるような無謀なことをやると、できなかったこととの落差から、結果「うつ状態」になるのだ。

「イイ格好したい」という思いがあるから、その基準に満たない自分を見せることをためらうのだ。素顔の自分がバレる恐怖心があって、見せたくない気持ちが出てくるのである。

そういう人は、仕事のパートナーに対しても心をシャットアウトしてしまう。本音を出さないと、人間関係がうまくいかないし、成功もありえないのだ。

本音を隠して、相手に見せるものを変えていくことは、お化粧をして、人に見せる顔を変えようとするようなものである。

女性にとってのお化粧は必要なものだろう。しかし、心にお化粧は必要なのだろうか？ もし、心が汚れていたとしたら、その汚れを隠そうとして化粧をしても、汚れた心は内在したままである。

心に化粧をするのではなく、素肌である本音の心を美しくすることに努力した方がよい。素顔のままの自分を変えていくのであって、見せかけの自分を変えていくという捉え方ではないのだ。

そして、内面が磨かれたあなたは、その内面の美しさが、化粧がいらないくらい表面に滲《にじ》み出していることだろう。

「同期が先に出世し取り残されたと感じている」あなたへのアドバイス

気付いたら、同期に先を越されてしまった。今までは気にしていなかったのに、急に焦りの心が自分に襲いかかる。

よかったではないか。そのことであなたは本来見つめるべき「自分」に集中せざるをえない。自分を知ることに意識を向けたからこそ、人との比較によって自分の存在価値を測る自分の性質に気付けた。もし、この出来事がなかったら、いつまでも人を見て優越感や劣等感を感じていたかも知れない。

この処方箋によって、自分の価値観、自分の特性、本当の役割、絶対に他の誰とも比較のできない、世界でただ一人の自分を明確にし、そして「本当の自分」に出逢う、最高の機会が与えられたのだ。

そして、その「かけがえのない自分を成長させていく」という、出世や昇進の喜びとは比較のしようがないくらいの喜びに焦点を合わせた人生を送る、そのスタートをきれたのだから。

派閥争いで妨害を受けている

発端は、数カ月前、営業第一部のヤツに、営業第二部の私が営業をしている企業のビル前でばったり会ったことに始まります。

我が社では、営業第一部と営業第二部でエリアを分けて社業の柱であるサービスを提供していることから、本来であれば何か特別なことがない限り、客先前で顔を会わすことはないのです。

「こんなところで何をしているんだ?」

「いや、ちょっと……」

彼は気まずそうにしていました。私が問い詰めると、「後で話すから、約束の時間に間に合わない」と言って、なんと、私が契約を結ぼうと考えていた企業に堂々と入っていったのです。これには頭にきました。

もともと我が社では、営業第一部と営業第二部はライバル関係にあります。単に営業を競うというよりは、「営業第一部は専務派」で「営業第二部は副社長派」と、派閥闘争にも結びついているのです。いわば水と油といった犬猿の仲で、お互いに協力して営業をするということは一切ありません。

最近では、新興他社の台頭により、営業そのものが厳しさを増し、業績を上げるのに苦労している状況です。私たち営業第二部はより一層の努力をし、一つでも多くの契約を結ぼうとしていました。そのエリアに営業第一部が侵食してきたのです。見逃せるはずはないでしょう。

契約を取り付けた営業第一部のヤツを待ち構えて、侵食してきた理由を聞きました。すると、彼らは密かにインターネットを用いた営業を行い、我々のエリアの契約を取りつけていたのです。彼らの担当エリア内でのことなら何も文句は言いませんが、我々のエリアに堂々と入ってくるのは許せません。すぐに社に戻り、部長に報告しました。もちろん部長も、何の相談もなくインターネットによって業域を拡大している営業第一部に腹を立てていました。我々が契約を結ぼうとしている相手を横取りしているわけですから、怒りを覚えて当然でしょう。

営業第一部の奴らは、自分たちの契約数を上げるために業域を拡大しているだけでなく、横取りすることで営業第二部の営業を妨害しているのです。契約を結ぼうという直前に、横取りを続けられてはたまったものではありません。

部長は、営業第一部の部長にやり方を非難したのです。もちろん、副社長にも事の次第は報告されました。これで、営業第一部もおとなしくなるだろうと思っていましたが、彼らは予想以上にずる賢かったのです。

部長に働きかけてもらってからしばらくした後、我々のエリアで営業第一部のヤツにまた出会いました。

「我々の業域に入ってくるなと部長から言われただろう！」

そう言うと、ヤツは涼しい顔をしながら、「部長から営業第二部にも、インターネットの手法が知れ渡ったから遠慮する必要はない。堂々と仕事をしろと言われた」というのです。この開き直りのような態度に、思わず胸倉をつかみたくなるほどの怒りを覚えました。

部長も、さらに動いてくれてはいますが、営業第一部の横取り営業妨害は激しくなるばかりです。営業第二部のメンバーで対策会議を開いたところ、次々と妨害の話が飛び出してきました。「自分が向かっている企業と知りながら、目の前を走って受付に行かれてしまった」「せっかくアポイントメントを取ったのに、商談前に営業第一部のヤツに契約を持っていかれた」「契約のないはずの企業から、『おたくとはすでに契約済みです』と言われた」こんな話が山ほど出てきたのです。我々にとっては、屈辱以外のなにものでもありません。

営業第二部では、メンバーの結束を強化することにしました。これまで契約を結んでいる企業には、再契約を営業第一部に横取りされないように、メンバー間の連絡を密にすること。また、新規拡大に関しては、二人一組で動き、営業第一部の奴らを見かけたら一人が彼らの行く手を阻み、その間にもう一人が商談にすばやく行くなど、妨害阻止のためにいろいろなアイデアを考えたのです。

しかし、なかなか思うように契約数を伸ばすことができません。それでなくても契約数が落ちていた中で、営業第一部の妨害がひどくなったのですから……。

我々のメンバーの中には、営業第一部のエリアに逆に侵食してはどうかという意見もありました。でも、そんな汚い手を使いたくはありません。妨害し放題の奴らと同じ穴のむじなになってしまいます。我々は、あくまでも正攻法を貫き通したい。

我々営業第二部の唯一の願いは、「何とか営業第一部の妨害を止めたい」ということです。

部長の力では、もはやどうにもなりません。副社長も、影では動いてくれているようですが、これといった成果は出ていない状況です。派閥闘争は解消できるものではありませんが、同じ企業内で仕事を妨害するというのはいかがなものでしょうか。足を引っ張られている我々は、どうしていいものか、手の打ちようがないのです。社長がトップダウンで動いてくれればいいのですが、もともとそういうタイプではありません。

本当に困っています。というより、今では営業第一部のメンバーを社内で見る度に怒りが込み上げてきます。いつ怒りが爆発するかわかりません。

「派閥争いで妨害を受けている」あなたへの所見

お互いが競い合うようにサービス提供の活動をしてきた営業第一部と営業第二部。エリアを分けていたルールを破って、営業第一部による営業第二部のエリアへの侵食が発覚。ふたを開ければ、インターネットを用いた営業エリアの侵食のみならず、仕事の横取りや営業妨害行為が次々と発覚。それでも開き直って、両部署真っ向勝負の姿勢。

実は、お互いの営業部はライバル関係だが、その奥には、社内の派閥が絡み、「営業第一部＝専務派」「営業第二部＝副社長派」という争いの構図がある。こうした派閥争いが絡んだ社内での争いは、ある程度の規模の組織では避けられない現実がある。その中で、人間関係を保ち、マイナスの影響を受けずに生き抜いていくための処方箋をだそう。

・処方箋⑱―会社の理念・方針に自分の行動を一致させる

会社の理念に従うとは、常に会社の最終目的に焦点を合わせて行動することだ。まず、組織の派閥に対応するための四つのパターンを示した上で、組織の中の一員として、その組織の最終目的に焦点を合わせる処方を説明しよう。

●派閥への対応法

あなたの会社に派閥はあるだろうか。

会社の中には、しばしば派閥が存在する。それぞれの部署の間の利害対立があるとき、その部署も広い意味での派閥といえるだろう。ということは、ほとんどすべての職場には派閥があるということだ。こうした企業内派閥にいかに対処するかは、会社で働くあなたにとって重要な問題といえるだろう。

派閥への対応法には大きく次のような種類がある。

①風見鶏になる

②一つの派閥に入る

③自分を貫く
④上司に帰一する

では、それぞれのパターンについて詳しく解説しよう。

①風見鶏になる

風見鶏になるとは、その場その場で目の前の相手に合わせることである。

これは、いわば「八方美人」である。八方美人というのは、あちらを立てて、こちらも立てるということだ。

相手に自分の八方美人がわからないときは、大変スムーズにいっているように見える。しかし、それが一度わかったら「何だ、あいつは。あっちに行ってもこっちに来ても、結局は自分の都合でうまいこと言っているじゃないか」と言われ、逆に信用を落とす場合があるから要注意である。

さらには「自分の考えがない」ということにもつながる。八方美人は、常に人に合わせることを第一番目に考え、摩擦を嫌がるタイプといえるからだ。ゆえに風見鶏の人と仕事をやると、仕事が深まらないという欠点がある。もめごとが少ないが、密度の薄い仕事になるのだ。

仕事の内容を深めるためには、多少の摩擦が必要だ。ただ人に合わせればいいというものではないのである。

しかし、見方によっては良い状態でもあるといえる。「ささいな派閥問題で、もめている段階じゃないでしょう」と業務をきちんと遂行するために仲介役になったり、また接着剤になったり、使い方によっては大変すばらしいものにもなるのである。

②派閥に入る

派閥に入るというのも、一般的な対処法である。

どの派閥を選ぶかは大きな賭けであり、多くの人が思い悩むところだ。世間の処世術では、どのように有望な派閥を見極めるかということがしばしば説かれている。

例えば、豊臣秀吉はなぜ、当時はそれほど勢力がなかった織田信長を主人に選んだのだろうか。秀吉は、信長の決断力、先見力、鋭い洞察力、勇気を見抜いたからである。

派閥に入ることには強力な後ろ盾が得られるというメリットがある。しかし、もしそれが明確な派閥ならば、途中から派閥を変えたら裏切り者になるといった危険性もはらんでいる。あなたがその人と運命を共にする覚悟があるなら、思いっきりその人の味方になって全面的に入っていくのも一つの生き方である。当然、中途半端な立場でいるよりも思い切って派閥に入るのも逆に信用につながる場合がある。

しかし、相手から疎《うと》んじられる可能性もあるから、諸刃の剣である。

③自分を貫く

自分を貫くというのは、派閥に入らず、自分の信念を曲げず独立独歩でやっていくということである。この選択肢を取ると周囲との衝突は決して少なくないだろう。しかし、自分を抑えつけて鬱屈した状態になることもない。あなたの性格にもよるが、本当に自信があるなら自分を貫く選択こそストレスを感じないのである。

しかし、一歩間違うと「あいつは頑固で我が強い、自分の考えを曲げない人間だ」と言われかねないデメリットもある。

自分の考えを持つことは大事だ。しかし、それが会社の方針と違ったら、大変なことになる。自分の成績が大事だという人は、だんだん煙たがられる存在になるので要注意。ある程度自分の意志でコントロールしながら、自分の道を進むことだ。常に会社全体の中の自分の役割ということを明確にして、やっていくべきだろう。ただし、時計の歯車は、単独で回っているだけでは針を動かせない。全体の歯車と噛み合って、初めてその時計が時計として時刻を表示するのだ。ここを自覚する必要がある。

④上司に帰一する

帰一するとは、忠誠を誓い尽くす、ということである。

秀吉は信長の命令に忠実に従った。草履取りのときは草履取りとして、足軽のときは足軽として、最大限に信長に尽くした。

会社がある程度大きくなるとトップに帰一することは困難である。その場合、帰一するといっても、それぞれの部署における直属の上司となる。

直属の上司がトップと一致しているかどうかは、非常に判断しづらいという危険性はある。しかし、そのことが良いか悪いかということよりも、「上司の言われたことがきちんとできる」というあなたの誠実さは確実に残っていくのだ。だから少なくとも、自分の直属の上司に指示されたことは的確にやるようにするのが肝心である。言われた事、命令された事はきちんとやり抜く、そういう人間的な誠実さを磨いていく。それが会社に対する最大の貢献なのである。

処方箋⑱

会社の理念・方針に自分の行動を一致させる

派閥云々はもちろん気になることだが、その会社で働いている以上、会社の最終目的に常に焦点を合わせることが大切なのである。会社というより大きな全体に意識を合わせることが大事なのだ。そして、その全体を愛し、理念に従うのである。

もし、自分の考えと会社の理念・方針が異なっていたら、いち早く自分の考えをリセットする。そして、いつでも会社の方針に従えるようになれる柔軟性と素直さと透明感を磨いていく必要がある。

メジャーリーグの松井選手やイチロー選手も、インタビューなどで、自分の成績を一番にするのではなく、チームが優勝することを一番においたコメントをする。そのように言い切れる人間は、チーム内のメンバーからも尊敬されて、認められるタイプなのである。一番に考えることは「チームの優勝」なのか、それとも「野球界全体の発展」のためなのか、「スポーツ界全体の発展」のためなのか、さらには、「人類社会に貢献すること」なのか。どこを意識して野球をやろうとしているのか、それによってまったく発想が違ってくる。

より大きな次元を理解した上で、目の前の事をきちんとやれるようになることである。それが理念に従うということなのである。

あなたの会社はいったい、何のために存在して、何をやろうとしているのだろうか。何を目標にしているのだろうか？

そういうことを完全に理解すれば、たとえお茶一つを運ぶ場合でもまったく違うのだ。お茶一つの運び方、電話一本の受け方が、理念と非常に大きな関わりをもつ。会社の理念をきちんと自分の細胞にまで浸透させて理解する。その上で電話をかける、接客をする、書類を作成することは、理念を理解しないで同じことをやる場合とはまったく違ってくるのである。

あなたが、今の会社に所属しているということは、その会社を愛しているからなのだ。愛していないなら、会社にいる意味がない。もし、愛していないなら、早く移ったほうがよいだろう。

会社を愛するということは、その会社の一番言わんとしていることを理解することなのである。それが、会社に貢献することなのである。

会社に入るときには、その会社の経営理念、経営方針を完全に理解する。その上でさらに自分の直属の上司の話を聞くとよく見えてくるのだ。

もし、自分のピントがずれていたら、もう一度会社の経営理念や経営方針、会社の目標を書いたものを常にあなたのポケットに入れて、ヒマがあれば読み、細胞に染み渡るまで持って歩いてみよう。

そうすると、あなたのエネルギーは確実に変わってくるのである。

「派閥争いで妨害を受けている」あなたへのアドバイス

派閥争いを起こす「会社」という組織の単位を超えた視点に立ってみよう。会社単位から、地球単位に視野を広げて考えてみよう。

あなたは今、日本という国に属しながら、さらにそれぞれの家庭、会社、組織に属している。それらはすべて別々の団体のように見えて、実は地球という一つの団体に属しているのだ。

それは、人間だけではない。

あらゆる生物、鉱物、無機物が地球という一つの団体の中で共存しているのである。

だから、私たちは「私」という個から物事を見ていくのではなく、全体の中から「私」という個を見なくてはならないのである。

そうすれば、人生や仕事や組織は黙っていても能率が上がり、何をやってもスムーズにうまくいくのである。

全体を無視してあなた個人で動くと、必ず壁にぶち当たり、行き詰まる。

この地球でさえ、宇宙の中の、銀河系の中の、太陽系の中の天体なのだ。

これは私たちの頭で認めようが、認めまいが事実であるから変えようがない。

あなたの会社が全体としたら、あなたはその中の個である。

この全体と個の融合こそ、究極の組織、派閥との付き合い方である。

ACT 2

人間関係トラブルの根本的な解決法

ここでは、プロローグに登場した小野さんに再び登場してもらい、彼のケースを取り上げ、検討しながら、職場の人間関係のトラブル解消について根本的な解決策を探っていく。

この小野さんは、「人間関係トラブルのデパート」といえるほど、いくつもの問題を抱えていた。彼の例をたどれば、必ず自分にも当てはまるところがあるはずだ。どのような分析を行ったか、どのようなアドバイスを与えたか、どのような経過をたどったかを順を追って説明していこう。

人ごとではなく、自分のこととしてこれから先を読んでほしい。といっても、肩肘張らず、リラックスして読み進めていこう。

実際、小野さんが私のところに来て、アドバイスのとおりに実践したところ、かなりのところまで職場の人間関係が良好になってきたことを付け加えておく。

自分は大丈夫だと思っていないか

落ち込む罠は誰にでも潜んでいる

小野さんの勤めている会社は入社率も離職率も非常に高い。実際に彼の勤める営業所も出入りが激しく、外回りの営業職は入社しても、契約が取れなかったらすぐに退社するという世界だ。

また、業績の浮き沈みも激しいものがあり、ある一時期に勢いがある営業所は、突然人数がドーンと増える。通常二〇人くらいの組織が、勢いにのって、六〇人くらいになる。

するとどうなるのかというと、机や椅子、パソコンなどの数が足りなくなる。このようなとき、事務担当の小野さんに営業所からの要望がくる。そうしたリクエストには簡単なものはほとんどない。かなり無理なものばかりが小野さんに集中するそうだ。「至急、机を増やしてくれ、機器も増やしてくれ！」と依頼がくる。

そうは言っても、当然、会社の予算というものがある。基準としての適正な機器類の設置台数や予算の問題があって、どうしても要望には応えられない状況が生まれる。

そういった勢いのある営業所や人が増えていく営業所がある一方で、成績悪化で調子が悪く、一時と比べると社員がグッと少なくなっている営業所も出てくる。

つまり、そういう営業所は機器や備品が余っているということだ。

そこで、業績の悪い営業所から余った什器を引き上げ、業績の良い営業所に補充するという調整を行なうことが小野さんの仕事になる。このとき、什器を引き上げられた営業所から、さまざまな苦言が出てくる。「俺の営業所を何だと思っているんだ」「俺たちだって頑張ってるんだ」「いずれは大きくするつもりで頑張っているのに、何事か」「取るなら、よその所から取れ」

小野さんは「こういうふうに言われてしまうと、私の性格上、そこでにっちもさっちもいかなくなってしまうのです」と、一人ぼやく……。

こうしたさまざまな利害関係が交錯する狭間で、板ばさみになった小野さんは、誰にも相談できず、そのつらい気持ちを自分の心の中に押し込んでいく。こういった逃げ場のないつらい経験の積み重ねが、知らず知らずのうちに心を蝕《むしば》んでいくのである。

どこに救いを求めているか

「うつでの休職は、もう二度と繰り返したくない」

そんな思いで小野さんが私のもとに相談に来たのは、会社を休職し悶々とした日々をなんとか乗り越え、やっと職場復帰して間もない頃だった。

小野さんは、人間関係のもつれで悩んで落ち込むと、その自分を何とかしたいと、よりどころを探しに本屋に駆け込むそうだ。そして気が付くと、彼を勇気づけるような、優しくも力強い魅力的なタイトルの本がずらっと並ぶ書棚の前に立っている。小野さんは書棚を右から左へゆっくりと舐めるように移動して、お目当ての本を探しだす。はっと目にとまる本を手にして開くと、そこには数多くの珠玉の言葉が傷ついた彼の心をそっと真綿で包むように語りかけてくる。「この本が救ってくれそうだ」そう思い手に取ると、すぐ近くにまた彼の心にグッと響くタイトルが気になる。「ああ、この本もいいなぁ」ようやく探し当てた数冊の本を買い、足早に帰宅すると自室に閉じこもり、休職中の心の空虚さを埋めるかのようにむさぼり読む。本に出てくる優しい言葉の数々を自分が浴びていると、「もうこれで大丈夫だ」といった明るく積極的な気持ちが心の底から湧いてくるのだった。

しかし、それも、本を閉じるまでの束の間。本を読み終わっても、自分が変わっている実感がない。さっきまでの気持ちは何だったのか？

読み終わった後に襲ってくるのは虚しさだ。その虚しさは、本の言葉で癒され明るくワクワクしてきた心の分量だけ、振り子の反動ように大きく返ってくる。

そうして悶々とした気持ちを抱えたまま、ふと現実に返る自分。そこには、休職を言い渡され、現実の社会とは一歩隔離された状況に身を置いている自分がいる。

決して休んでいるつもりはない。とにかくこの状況を打開する方法を探すのだが、どこにも糸口が見つからない。そして何の動きも取れない自分に対して、もどかしさを感じる。すると、休んでいるのに休めない。休まるどころか心がどんどん暗い深みにはまっていってしまう。

誤った方向に突き進んでいないか

休職から復帰した小野さんは経理部へと転属になった。小野さんに経理の経験はなく、思うように仕事ができない。そんな彼を見た上司は、「今のお前の仕事のやり方じゃダメだ。俺がこれから指導するから、まず言うとおりやってみなさい」と、仕事のやり方を教えてくれた。

しかし、小野さんは上司の指導を受け止めきれず、アドバイスをしてくれた上司の好意を裏切るような結果を出し続けた。「お前のようなヤツは見たことない。お前は人間なのか。人の心があるのか」完全に怒りの頂点に達した上司は、小野さんに感情を一気に、もろにぶつけるようにまくし立てる。

そんな小野さんに対し、同僚の態度も冷ややかだ。上司の態度にならうように、パートナーの女性社員からも完全に無視され、気が付くと、周りから露骨に嫌われ、無視され、爪弾きにされる状態だった。

「自分の居場所が見えなくなりました」

それからというもの、小野さんは、仕事がスムーズに進まず精神的に余裕がなくなり、どこに行っても怒鳴られるような状態となってしまった。組織間の連係プレーもできず、同僚が困っているのが見えていても手助けする余裕がない。

「もう、雪だるま式に噛み合わなくなり、あっちに行けば怒鳴られ、こっちに行けば怒鳴られ、こういうことを繰り返しているうちに、人とどうコミュニケーションをとっていいのかがわからなくなりました」

ますます周囲とコミュニケーションが取れなくなっていく。

ここで小野さんは、このままではいけないと、一つの決心をする。

「みんなで飲みにいきましょう」

小野さんは、現状打開のため、勇気を振り絞って上司や同僚を誘って飲みに行った。そして開口一番、「私が間違っていました」とみんなに謝った。

その結果、もとのさやに収まったように見えた。しかし、それも一時的なことで、間もなくして以前と同じ状態に戻ってしまうのだった。

「人がどんどん怖くなってくるんです……」

仕事がうまくできない。周囲に迷惑をかける。上司、同僚から嫌われる。精神状態が悪くなる。とにかく自分のことで精一杯。周囲への気配りができない。こういった、悪循環に陥っていたのだった。

小野さんは、このようなときに生じる葛藤に対して、自分の心の中に抑え込んで隠すタイプだった。

「素直に悩みを悩みとして出せる自分であれば、もっと別の解決ができたと思うんですが、自分の性格上の問題もあって、僕は強がって隠してしまうのです」

小野さんは、こうした職場での人間関係の衝突があった場合でも、大抵は何事もなかったかのように周りの人に振る舞った。「自分は強い人間だから別にたいしたことないよ」と、自分の枠内で解決しようとしてしまうのであった。

しかし、実際は自分の中で相当悩みが大きくなっていた。もちろん、そうして誰にも相談をせず、自分の中で解決策を探して、どうにかうまく切り抜けられることもあった。

ところが、自分ではどうにもならず、彼の手に負えなくなったときに、ドーンと一気に深く落ち込んでしまうのだった。

※※※

小野さんがとった現状打開の行動は、私から言わせると決定的な間違いが一つだけある。

彼が意を決して、みんなを飲みに連れて行き、勇気を出し現状打破しようと思い切った行動をとったまではよかった。しかし、このとき「私が間違っていました」と謝ったところが問題なのだ。

それはどういうことだろうか。

また、小野さんは問題を抱えたまま徹底的に溜め込んでしまうタイプだったことがわかる。その悩みを抱えたまま解決されない状態が長く続き、結果的に彼は医師から「うつ病」の診断を下され、会社から休職を言い渡されるのだった。

小野さんの悲劇の原因は何だったのだろうか。

問題の原因がわからなければ、対処のしようがない。

次項では、小野さんの事例における問題の原因について順を追って徹底的に解明しよう。

これは当てはまる人が多いと思われるので、しっかり読んでみてほしい。その上で、職場の人間関係を改善する究極の処方をお伝えしよう。

タテの「人間関係のもつれ」解消への処方

イエスマンの悲しみ

職場には「タテの関係」と「ヨコの関係」がある。

あなたが上司からの指示で仕事をすることが「タテの関係」。同僚や部下と一緒に仕事をすることが「ヨコの関係」である。

職場の人間関係のもつれの中で代表的なのは、組織におけるタテの関係、つまり、上司と部下の人間関係から起きる対立である。

直属の上司との関係でいえば、小野さんは上司から指示されたことを約束の期日までにできないということがよくあったそうだ。「業務上の指示を受ける」ということは仕事をしていれば誰にでもある経験だが、ときには依頼された仕事が知識不足だったり力量不足だったりして遂行できないことがある。そういった仕事を依頼されたとき、小野さんは、正直な受け止め方として、「これは無理だな」とまず思う。

しかし、とりあえずそれを「わかりました、やります、何日までにやります」と言ってしまうのだった。「そうか、何日までにやってくれるんだね？」と言われて、「はい、やります」という返事をしたところまではよかったのだが、結局仕事が期日に仕上がらないことが度々あったのだ。

「実際にそういうとき、ノーと言った記憶がありません」

このように、彼は典型的なイエスマンで、上司にはウケのよい部下として振る舞うことが多いという。実際は、「無理なんじゃないかな？」と思う仕事の依頼も多かったが、なぜか指示を承諾していたのだ。

そして、期日にできなかった事実を上司に伝えると当然、「できるって言ったのはオマエじゃないか！　なぜできなかったんだ！」と、かなり強い口調で叱責されたそうだ。

「そういうときは、言葉上は『すみませんでした』と言うしかありません。当然、私ができると言って、その予定に合わせて他の社員も動いているわけですから、心の中では非常に激しく落ち込みます」

こういった場合、心の向け方一つで、結果が変わってくる。

私が小野さんに、「そういうときは、上司に言い返したりしないの？」と尋ねると、「そういうときは自分を責めています。たとえひどい言い方をされても上司を責めるような気持ちにはなれません。自分が悪かったんだ、自分が悪かったんだと、自虐的に自分だけを責めています」こう返ってくる。

彼が「うつ」になったのはこれが原因なのである。

自分を責めるからである。自分自身が何かうまく立ち回れていないということに対して責任を感じてしまうのだ。そして、できない自分とのギャップを感じて、それにどう対処していいかわからなくなった結果、落ち込んだ状態になるのである。

「うつ状態」になりやすい人は、小さな石が自分に向かって飛んできても、自分で勝手に、大きな石にしてしまうような傾向がある。

「その後で、何かのきっかけで、『期日までに仕事ができなくたって、別にたいしたことじゃない』、そう思えることもあるのです。冷静に捉えると、事態は自分が思っているほど深刻でもないし、極端な話、『生きるか死ぬかっていう状況じゃない』と思って、ハッと気付いたこともあるんです。でも、またすぐ、『いやまずい、期日までに仕事を仕上げなかった自分が悪い』という罪悪感に襲われ、どうしてもまた同じ状況に戻って、そこから抜け切れなくなってしまうのです」

しかし、彼は仕事のことを思い浮かべると、ほとんどのシーンで、「上司にすごい剣幕で叱られる姿が脳裏から離れない」と言う。

人として優しく丁寧に扱われず、心が粉々になる。そんな体験の記憶が強烈に細胞に染み付いているのである。

安請け合いの仕組み

小野さんは、できもしない仕事の指示に対して、なぜ「イエス」と答えてしまうのだろうか。

彼の心に「できないことでも『挑戦だ！』と思ってやらなければならない」という価値観がある。その捉え方が、上司の指示に対して無理かな？ と思っても「イエス」と言ってしまうのである。

周りの人から、「もっとしっかり自分を見つめたら？」と言われるのだが、そのことに素直に耳を傾けられない自分が確かにいるというのだ。

小野さんは、「上司に限らず、同僚や部下に何かお願いされたりしても、基本的に一緒です」と言う。いわゆる「安請け合い」をしてしまうのだ。

「私は『仕事を割り当てられる』っていう状況が好きなのです。上司から『小野君ちょっとやっといて』と言われて……。確かに、仕事の内容によっては当然周りの人たちにも手伝ってもらうべきこともあるでしょう。また、周りから頼まれて自分が助けてあげることによって、全体に良い影響を与える結果になることもあります。だから私は進んでやってあげていました。しかし、一番多いのは周りの人々が単に自分でやりたくないから『オマエやってくれ』『やってくれます?』と言ってくる仕事です。そんな仕事に対しても、「いいですよ、わかりました」と、とりあえず自分の手の中で抱えてしまうのです」

これでは、まさに自分から「うつ状態」に好んで突き進んでいるように見える。

さて、小野さんと上司との「人間関係のもつれ」の原因は、具体的に何なのだろうか。そして、どうすれば彼は、この上司との「人間関係のもつれ」を解消することができるのだろうか。

小野さんが抱える職場の人間関係のもつれの原因は三つだ。「見栄」と「恐怖」、そして「完璧主義」である。
ではその分析を行ってみよう。

タテの「人間関係のもつれ」の原因を分析する

①見栄

「見栄」とは、つまり自分を良く見せようとすることである。彼はつい「イイ格好を見せよう」としてしまう。相手が持つ「自分に対してのイメージ」を、言動によってコントロールしよう、言い換えれば「騙そう」としてしまうのだ。

小野さんは、どんな仕事も「はい、やります」と引き受けることによって、自分を良く見せようと偽っているのである。上司が自分に対して「有能で従順な部下」というイメージを抱かせているのである。結局、仕事が期日までに仕上がらない時点で、その「化けの皮」がはがれるのだ。

こうした「自分を良く見せたいという欲求」は、あらゆる人間関係において見られる。それも、彼の例のように、自分の利害に関係する権限を持った相手や、自分より高い地位の相手との関係では、より顕著に見られる傾向がある。

まさに小野さんはどんな場合も「見栄」を張って、「できません」というメッセージを素直に上司に伝えられなかったのである。

②恐怖

会社のような組織のなかで、部下から上司へと情報伝達が行われるとき、部下が上司にとって不快な情報を伝えることをためらうという傾向がある。この現象が生じる要因は、さまざまに考えられるが、一つの大きな要因として、「相手に不快な思いをさせることによって、自分自身の評価が下がる」ことに対する「恐怖」が挙げられる。

小野さんが、上司から仕事を頼まれた時点で、「私にはできません」と素直に言えないことも、期日に間に合いそうにないことを上司に伝えられないことも、こうした「恐怖」があるからだ。きちんと言うべきところを「言わない」、あるいは「言えない」というのは、「小野さんの評価」が下がるという「恐怖」が障害になっているのである。

③完璧主義

人間はさまざまな信念に基づいて行動している。信念は、行動に向かい、また行動をスムーズに行う上で重要な機能を果たしている。しかし、信念が適切な行動を阻むこともしばしば起こる。

小野さんは、仕事に対して「仕事は完璧に行わなければならない」という固い信念を持っている。いわゆる「完璧主義」である。

この小野さんの「完璧主義」という信念は、仕事を丁寧に確実に行おうとする点で望ましいものといえるだろう。ただし、度を越した「完璧主義」は、仕事を処理する上で障害になるのだ。

小野さんは上司に仕事を頼まれると、「何としても自力でやり遂げなければ」と思ってしまいがちだ。「完璧主義」ゆえに、上司の命令に対する小野さんの行動の選択肢はたった一つになってしまうのである。

これらの原因は、それぞれ次のような信念を導く。

「見栄」＝「自分をよく見せなければならない」という信念。

「恐怖」＝「自分の評価を下げさせてはならない」という信念。

「完璧主義」＝「自分の納得のいくものでなければならない」という信念。

これらの信念が互いに結びついて、一つの信念体系を形成し、小野さんの行動を一つのパターンに制限しているといえる。

この不合理な信念体系さえなければ、小野さんの行動の選択肢はたくさんあるといえるのだ。だが、自ら築いてしまった信念によって、あるべき選択肢をみすみす逃しているのである。

例えば、無理な仕事を依頼されたとき、「自分の能力を超える仕事です」と正直に上司に言って、断るという選択肢もある。その仕事の一部だけ引き受けるという選択肢もある。とりあえず全部引き受けて、無理そうであれば周りの同僚に協力してもらうなど、さまざまな選択肢があるのだ。

しかし、小野さんはそうした選択肢を考えることもなく、自分で勝手に作りあげた一つの行動パターンに自分を縛りつけ、それらの選択肢を放棄しているのである。

では、どうすれば小野さんはこの最悪の事態を打開することができるのだろうか。

第一は、小野さんが「人間関係のもつれの原因を的確に捉える」ことである。

そして、第二は、「捉えた原因を効果的な方法で取り除く」ことである。

人間関係のもつれの原因を的確に捉える

小野さんはこの「人間関係のもつれの原因」について、どのように考えているのだろうか。

彼は「自分が悪い」「自分はダメな人間だ」と思っている。つまり、「人間関係のもつれの原因は一〇〇%自分にある」と思っているのである。

普通、何かの問題に対して、原因の所在が自分にあると考えることは、「他人のせい」にしているよりも問題を解決しやすい状態といえる。なぜなら、他人を変えようとするのは難しいが、原因は自分にあると捉えて自分を変えていくことは、早いし容易だからである。しかし、だからといって「自分はダメだ、ダメだ」とリピート再生のように心の中でつぶやき続けていたのでは事態の改善は望めない。「うつ状態」になりやすい人は、前述のように小さな石を自分で勝手に大きな石にしてしまうという拡大解釈をしがちである。

「問題の原因は自分にある」と捉えた上で、「では、どうやって自分を変えるか」とすぐにスイッチを切り替えることが重要なのである。

それでは、自分の何に原因があり、それをどう変えればよいのだろうか。原因の具体的な把握と、現実的な対処法をよく考えなくてはならない。

小野さんは、「自分の仕事の処理能力不足」に問題があるのだと考えた。そう考えた場合、例えばその解決策は、睡眠時間を削ったり、残業をしたりして、それを補おうとすることかもしれない。

その結果、それまで与えられた仕事の五〇%しかできなかったことが、六〇%、七〇%できるようになるかもしれない。しかし、これでは限界がある。

仮に七〇%できるようになったところで、まだ残りの三〇%はできていないのだ。また、睡眠時間を削ってしまったら身体に変調をきたすことにもなる。ギリギリまで頑張って一〇〇%できたとしても、仕事の量が増えれば、もうなす術《すべ》がなくなってしまうのだ。

結局、この方法は「対症療法」でしかなく、「根本解決」にはならない。

では、どうすればよいのだろうか。小野さんへの処方箋はこうなる。

捉えた原因を効果的な方法で取り除く

小野さんの場合、まさに「人間関係トラブル」の要因が複数折り重なっている。ＡＣＴ１の類似するケースで見てみると、ＡＣＴ１「上司との関係がうまくいっていない」の方に近いといえる。

まず、小野さんは、「見栄」「恐怖」「完璧主義」によって、上司とのコミュニケーション不足に陥っている。コミュニケーションをしっかりとって、十分に意思疎通が図られていればこのような事態にはなりえないのである。このことを理解することが、小野さんの事例における適切な原因把握となるだろう。

小野さんが業務に必要な上司とのコミュニケーションが十分にとれるようになるには、処方箋①が適切な解決法なのだ。「ホウ・レン・ソウ」を上司に対して常に徹底して行なうことである。小野さんが仕事をいったん引き受けても途中の段階で、「期日までに終わりそうにありません」と経過を報告すれば、もつれは防げるのだ。途中で報告していれば、期日にできたかできないか、〇《ゼロ》か一〇〇ではなくなるのだ。しかし、何も報告がなく、期日に「できませんでした」といきなり言われたら「何だ、やってないじゃないか、無能者！」と上司は思ってしまうのだ。

こうしてまず、「ホウ・レン・ソウ」の重要性を認識しなければならない。

そして、次に控えるステップは、十分な「ホウ・レン・ソウ」の遂行を妨げているものに立ち向かうということだ。それは、先ほど述べた「見栄」「恐怖」「完璧主義」といった小野さんが抱える信念や信条と、それらによって形成される「思い込み」である。自分の中の有害な「思い込み」に立ち向かい、それを捨て去ることが、小野さんの上司とのもつれの「根本解決」につながっていくのだ。

では、「思い込み」はどうやったら捨てられるのだろうか。

「思い込み」を捨て、「ホウ・レン・ソウ」への抵抗を消し去る方法は、ズバリ、それを「紙に書く」ことである。

自分がどのような「思い込み」を持っているか、それがいかに有害なのかを紙に書いて整理すれば、より捨てやすくなる。

さらには、「私は、これを捨てた！」と声に出して宣言することも効果的だ。実際に書いた紙を捨ててもいい。

この有害な「思い込み」を紙に書くという作業を定期的に繰り返せば、それまでの「思い込み」によって障害となっていた行動に対する抵抗感は薄れていくだろう。

小野さんの場合なら、自分の中の「見栄」「恐怖」「完璧主義」とそれらの有害さを紙に書き、「捨てた！」と声に出して宣言する。それを繰り返せば、「ホウ・レン・ソウ」に対する抵抗感はなくなってくるということである。

そんな単純なことで「思い込み」が捨てられるものか？ などと疑う前にとにかく実行してみること。これは私が約三〇年にわたって多くの「思い込み」で苦しむ人たちに指導して、大きな成果をあげている実証済みの方法だ。

また、「組織間の連係プレーができない」「噛み合わない」ということは、コミュニケーション不足だけでなく、対象となる仕事のイメージが一致していないことが原因で起こる。上司や同僚など、「相手の思い描く」ことと「自分の思い描く」イメージが一致していないから起こるのである。だから、処方箋②が良い解決法となる。

相手の目指す基準がわからなければ何度でも相手に確認し、その基準にかなうところまで仕事を仕上げることである。

謝罪のつもりで仲間を飲みに誘っていきなり謝りだすことへの対処は、処方箋⑥の「自分を責めない」ことが適切だ。自分を責めると相手からも責められやすくなるのだ。

また、そのときに仲間から関心を持たれなかったのは、自分中心だったからである。「人は基本的に自分にしか関心がない」ということに気付かず、自分の関心事だけを押し出したからである。

仲間と和むためには、処方箋④、⑤で説明した方法を実践しよう。

まず、相手の良い部分、美点を事実として発見し伝える。そして、相手に興味を持ち、相手自身の関心に焦点を合わせて話をすることである。

また、落ち込む原因の一つである「見栄」を解消するには、「人に良く見られたい」というもう一人の自分を、心に住まわせないことである。仮面の自分を捨て、ありのままの自分を取り戻し、唯一無二の自分で生きていくことを心がけるのだ。自分の本質や本来の姿を隠して、格好をつけたり見栄を張ったりして、人に良く見られようとしないことだ。ありのままの自分をオープンにして見てもらうように心がけよう。

素顔の自分が美しくなれば、化粧も仮面も不要となる。素顔のままの、一つの自分だけで十分になるのだ。そうすると、心の中に存在する「人に良く見られたい心」と「本来の自分の心」のうち、「人に良く見られたい心」が消えていく。

「葛藤《かっとう》」とは、「人に良く見られたい心」と「本来の自分の心」という二人の自分との間に起きる対立である。

例えば、大勢の人前で話すと、「あがる」という現象がある。「あがる」という仕組みは、この「二つの自分」が原因なのである。

素顔のままの、見られたくないと思っている自分と、「こう見られたい」という自分との対立が起こっているから「あがる」のだ。素顔の自分を見られたときにパニックになるのである。「あがる」というのは、見られてはいけないものを見られてしまうという、恐怖感からくるのである。

「素顔のままの自分を見てもらう」ことを意識的にやっていくとどうなるだろうか。そういう生き方は「葛藤」がまずなくなっていく。

一人で相撲はとれない。二人いるから相撲がとれるのである。二人いるから摩擦があり、争いが起こる。だから心の中の自分を、一人の自分にするのだ。自分の心の中に、二人の自分を住まわせないということなのである。素顔の自分を見てもらおうとすることで、一人の自分になる重要性に気付くのだ。

たった一人の自分に目覚めることである。

そのたった一人の自分こそ、「本当のあなた」なのである。

実は、「人間関係のもつれ」や「葛藤」が起きて悩む、という本当の意味は、自分の心の奥にいる「本当の自分」が発する、「早く一つの自分に目覚めなさい」というメッセージなのである。

※※※

小野さんは、度重なる人間関係のもつれが原因で「うつ状態」になり、会社を休職する経験を味わうことになった。

そして、小野さんは、私がアドバイスした解決法をベースにさっそく行動に移したそうだ。

結果、徐々に人間関係のもつれが解消されていったそうだ。

しばらく経ち、小野さんがまた相談に来たとき、意外なことを話し始めた。

以前は「人間関係のもつれ」で悩んだのが、今は「人間関係の対立がない」と言う。

小野さんの言う「人間関係の対立がない」というのはどういうことなのだろうか。

一見、対立がないことは、良いことのように思える。しかし、実はこのことにも問題があるのだ。次項に読み進めれば、どのような問題なのかわかる。

悩んでいる人間関係の裏側

「人間関係の対立」がなくなったということの意味

小野さんの復職にあたっては、医者の診断書が必要となった。

そこには「復職はさせてもよいが、無理な仕事はさせないように」という条件が付けられていた。

上司は上司で、いつパンクするかわからない小野さんについて、責任を持ちたくないという気持ちが出てくるので、「彼には、どうでもいい仕事を与えておけばいいんだ」と、小野さんを戦力外と見切ってしまう。あまり重要な仕事を与えてしまうとまた精神的に参ってしまうかもしれないから、当たり障りのない仕事しか小野さんには回さないということになる。

勤務時間も常に定時で退社するようにし、それに見合う仕事以外はさせないという制約が、彼についてしまった。そのため、現在の小野さんを取り巻く仕事の環境は、上司や同僚とぶつかる要素がほとんどない状態になったといっていいだろう。

結果的に「人間関係の対立」が起きないようになっているのである。

ここで立ち止まって考えてみよう。「人間関係のもつれ」が生じる状況というのは、重要な仕事を与えられていると思っていいのである。なぜなら、重要な仕事ほど人間関係が複雑で、困難な仕事だからだ。

重要な仕事であるほど、摩擦が生じてくるのは当然だ。例えば、総理大臣ほど最も摩擦が多い仕事はないといえるだろう。

逆に摩擦がない人は、重要な仕事をやっていない可能性があるともいえるのだ。「人間関係の対立がない」ということは、重要な仕事をやっていない可能性があるということになってくるのだ。

生き方について二つのどちらかの道を受け入れなければならないとする。

一つは、「自分の能力の範囲内で仕事をして出世をあきらめる」＝「人間関係の対立がない、摩擦や矛盾が生まれない」道。

もう一つは、「重要な仕事に挑戦して、出世を目指す」＝「人間関係の対立があり、摩擦や矛盾もある」道。

すなわち、小野さんは人生の分岐点に立たされていたのだ。

悩ましい人生の選択肢

小野さんは、病気で休職していたこともあり、同期の社員や後輩社員より昇進が遅れていた。そのため、どんどん出世していく同期や後輩に対して、少なからぬ嫉妬心を燃やしていた。

しかし、常日頃、同期や後輩には仕事で迷惑をかけている手前、嫌味を言うことなどできない。その中で、小野さんの出世欲はますます高まり、同時にそれが満たされないためにひどい劣等感に苛まされるようになっていった。

小野さんの心中には、自分を置き去りにして昇進していく同期や後輩に対する「なぜアイツが……」という思いと、「自分は本当はこんなものではない」という思いが渦巻くようになっていた。

こうした嫉妬の中で、小野さんは「自分も頑張って出世しよう」という意欲がわき上がってくるのだった。

しかし、「頑張ろう」「自分の力を出し切ろう」という意欲がある一方で、「うつ」という爆弾を抱えている状況から、無理をしてまた倒れたくないという思いが脳裏をかすめる。

人事異動の際に、後輩が昇進していく様を見るにつけ、「何で俺の後輩が出世していくんだ……」という複雑な思いがわき上がってくると言う。

「自分はこのままでいいのか」「自分は何もしてないな。アイツは重要な仕事をどんどんやっているな」と、小野さんは迷う。しかし、自分自身を正直に見つめたときに、やはり自分の中の弱い部分が原因で、「うつ状態」になって会社を休み、また復帰することを繰り返している現実が見えてくる。

過去に起きたことは、未来にも同じことが起きる可能性が十分ある。心の本質が変わらなければ、当然この先も同じことを繰り返すことになるだろう。なぜなら、私たちの目の前に起きる現象は、すべて、自分の心の性質が原因だからである。

「自分の本質を変えずに仕事に戻っても、やり切れる自信がないんです」。そう小野さんは言う。

ここで「自分の適性に合った仕事だけをやろう。例えば、自分の能力の範囲内でできるような仕事に限定しよう」と腹を決めたとする。

しかし、それと同時に自分の過去に挑戦する気持ちで、「よし、今までの自分を改善するんだ」と責任ある重要な仕事を望んでしまう自分が頭をもたげてくる。

このように、小野さんの心の中は、がんじがらめの状態だった。

しかし、どちらを選んでも、落ち込む要素が存在することには変わりはない。「自分の適性にあった仕事」と割り切っても、今度は、同僚や後輩の出世を見て落ち込む可能性がある。一方、「自分を改善する」道を選んでも、無理をして結局は以前と同じく、落ち込んで休職する可能性もある。

「まさに、そこで迷っています」

そう話し出した小野さんは、葛藤を絞り出すように涙で声をつまらせながらこう言った。

「私の気持ちとしては、やっぱり出し切れていない自分の姿は不満足なんです……。もっと自分を表現して、重要な仕事に就かせていただいて、どんどん自分の能力を引き出して、思いっきり仕事をやりたい、という気持ちがあるのです……。ただ、そうなったとき、また倒れてうつ状態になると、家族や親戚の関係がめちゃめちゃになるんです……」

彼は、「うつ」と診断されて会社を休職していた当時に、そのことで奥さんが何度もパニックに陥ったそうだ。また、そういう小野さんの姿を見た子どもが性格的に臆病になり、それが子どもの友達関係に影響を及ぼしたこともあった。

「もう二度と、家族に心配をかけたくない……」というのが、小野さんの本音だった。

隠されていた「葛藤」

こうなると、「仕事」という観点だけでは到底判断できないということになる。結果的には家族をも巻き込んでしまう。

小野さんは、「今はもう、気持ちはまず家族ありきです。たとえ出世しなくても、心の安定の方を選びます」と答える一方で、まだ自分の中でのこだわりが捨てきれない様子だった。それは、「自分はそんな小さな器に収まらない、本当は大きな器だし、やればできるんだ」というこだわりである。

「過去の落ち込んだ経験などの事実、現実を見るようにしているんですが、心の中にその事実を認めてない自分がいるのです」

サラリーマンも入社一〇年目ぐらいになると、さまざまな評価が昇格などに影響してくる。そういう事実を見ると、「自分はこんな小さな器じゃない」という気持ちがわき上がってくる。そういう気持ちがわき上がるのは、会社という枠の中で、「自分より、結果を出し、昇進、出世している人間」を見て出てくる発想である。人と比較して、そういう思いがわき出てきているのである。

「喉もと過ぎれば熱さを忘れる」ではないが、病気休職から職場復帰して「うつ」再発の傾向も一切見られないし、大丈夫だろうと思われる状態のときに、「そのような欲が、ふつふつとわき上がってくる」と小野さんは言う。

小野さんの立場で、「何でアイツばっかり」「何でお前が」と言った胸の内を、そのまま相手への言葉にするとどうなるか。「何だと。お前の代わりにこんな仕事をやっているのに、なんて礼儀知らずなヤツだ」ということになりかねない。「人間関係の対立」に発展してしまう。

小野さんは「今、人間関係の対立がないです」と言った。「人間関係の対立」は他人との関係による争いから起きる。

一方、「葛藤」は自分の中の自分との戦いによって起きる。自分の中に「対立」があるのだ。しかし、口に出したら途端に「人間関係の対立」へと変わる。

もしその度に、相手に思っていることを言葉に出したら、周りから総攻撃を食らうことになるだろう。

小野さんは、いったいどうしたらよいのだろうか？

※※※

「人間関係のもつれ」の問題は、「葛藤」から生じてくる。

この「葛藤」はどのようにして生まれてくるのか。

小野さんのように、「人間関係のもつれ」をなくすと「葛藤」が生まれる。その「葛藤」を出せば、また「人間関係」はもつれだす。だからといって「葛藤」を抱えたままでは苦しくて、また心の病になってしまう。

いったいどうしたらよいのか？

ここで角度を変えて、別の相談者、瀬戸智恵さんにご登場いただき、「葛藤」について探っていくことにする。これから、紹介する瀬戸さんとのやりとりは、「職場の人間関係の悩み」というテーマで私とディスカッションする座談会における内容である。その場に小野さんも同席していた。

この瀬戸さんと私とのやりとりが、小野さんに新たな気付きを与えることになる。

「葛藤」解決の糸口

何度言ってもわからないアイツにわからせる

瀬戸智恵さん二九歳。

瀬戸さんは、家族の経営する会社の社員だが、義理の兄でもある社長との人間関係に苦しんでいた。

「社長とは義理の兄妹の関係です。例えば社長からちょっと何か頼まれごとをされたときに、なかなか素直に承諾できません。社長は仕事の依頼がうまくありません。それに自分の描いたとおりにやらないと気が済まないのです。そこでよくケンカになります。社長は私の能力をとても高く評価してくれる人です。しかし、社長と違う部分は認めてもらえません。ですから私を、褒めてくれることがあっても、素直に喜べません」

私が、「瀬戸さんは、社長から仕事の依頼があったときに、趣旨は聞かないの？」と尋ねると、不服そうな表情でこう言った。

「趣旨を聞くと社長は細かく説明してきます。でも、それがうっとうしいくらいに細かいので、つい感情的になって、肝心な趣旨がわからないままになることが多くあります」

この発言が、私にはどのように聞えたかというと、「社長は説明し過ぎ」「自分は説明しなさ過ぎ」である。

「瀬戸さんは『社長の言うことはわかっています』というのを、ちゃんと伝えてないんじゃない？『それはわかっています。聞きたいのはここです』って、交通整理をしてあげることも、仕事だと思ってみたらどうですか」

「最初はそう思っていたんです。社長の足りないところを補ってあげようという気持ちだったのですが、結局、何度言っても社長にはわかってもらえません」

そう言う彼女に私は話した。

「『何度言ってもわかってもらえないような言い方しかできていない』という捉え方もできない？」

未来を変える捉え方

このように相手のせいにしたときには、「アイツは何度言ってもわからないヤツだ」となる。

自分の問題と受け止めたときは、「何度言ってもわかってもらえない言い方しかできていない」となる。

「相手を変えようと思う」か、それとも「自分を変えようと思う」か。どちらが進歩的だろうか。

相手がいつ変わってくれるのかは、何の保証もない。自分ならば、今からでも変えられる可能性は十分ある。「相手に理解してもらう工夫が、もっとできるのではないだろうか」このように受け止めたらどうだろうか。

捉え方一つで、未来がガラリと変わるのである。

実は、あなたの目の前には、常に二つの未来が用意されていると思ったらよい。「まだわからないのか」と他人を責めるのか。それとも「それを理解させられない、私の説明の仕方が良くないんだな。よし、もっとわかるように改善しよう」と自分の問題として検討してみるか。

あなたにとって最高の未来を手にするのは、どちらの捉え方を選択したときだろうか。

究極の処方箋α

「一〇〇%自分の問題」として捉える

例えば、売れないミュージシャンがいるとする。

彼は、リスナーの反応に、「何度もCDを出しているのに、みんなわかってくれない」と言って不満を訴えてしまうのか。「まだリスナーにわかってもらえるような演奏ができていないんだ」と言って自分の問題として捉えるか。

そのいずれかによって、このミュージシャンの将来はまったく違ってくる。

前者のままなら、まったく進歩せずに同じことの繰り返しである。後者のように捉え、「では、わかってもらうためにはどうすればよいのか」と考えれば、進歩していけるのだ。

実は、「人間関係のもつれ」も「葛藤」も相手のせいすることから始まる。

「一〇〇%自分の問題」として捉えることで、この先の結果が変わってくるのだ。

生殺し状態

「自分を変えた方が早いですね……」

そうつぶやいた瀬戸さんは、胸に秘めた思いを吐き出すように言った。

「実は、もうその状態から逃げたくなっています。私の会社は、私の父が一代で築いた会社です。義兄は、『血のつながっていない自分は、創業者の実の娘の私にはかなわない』と思っていて、何かと私に仕事上で頼ってくるのです。でも私は、創業者の娘というだけで、今までこの仕事に直接携わってきたわけではありません。だから、義兄が求める形で仕事ができない自分がすごく苦しいのです。私は、もう逃げたい。正直言って、本当にもう辞められるなら辞めたい。でも、立場的に辞めたくても辞められない。そういう苦しさも自分の中にあって、自分の能力を活かす方法を見失っています。でも求められるから応えようとするのですが、何かうまくかみ合わないということをずっと繰り返してるんです」

葛藤渦巻く、苦しい胸の内を語った彼女に私は尋ねた。

「瀬戸さんがいなくなったら今の会社は大変なの？」

「大変だと思います。私しかできない仕事だらけ。知識もある。それからパソコンなど会社のシステム関係は、全部私が構築しています。業者に委託すると莫大なお金がかかります。また社長は、将来的には自分の片腕として私を使っていこうと思っている気持ちがあるので、社長には精神的ダメージをかなり与えると思います」

「社長と、本音で話し合うことはないわけ？」

「前はよくありました」

「今が一番必要な時じゃない？」

逃げたい精神状態で仕事をやるというのは、良い状態ではない。

「以前から結構グチャグチャでしたので、今はどちらかというとマシになっている方なんですね。でも逆に義兄と話す時間も確実に減ったんです。ケンカすることも減りました。しかし、そのおかげで、無言のプレッシャーというか冷戦のような、冷たい対立があるんです」

人間として一番苦しいのは、生殺しの状態である。前にも後ろにも行けない。そうなると抑え込まれた感情が大きな「葛藤」を生みだす。

「社長とじっくり一日かけてもいいから話し合いをして、社長はどう考えているのか、そして自分はどう考えているのかということを伝え合っていくしか道はないような感じがするよね」

「社長は、話し合いを受け入れる気がなくなっているんです。話し合いの場は、家族なので今まで何度も繰り返し持ってきました。みんなの中で話したり、二人で話したりもしました。そして、この方法なら互いに納得できるから、やっていこうと再スタートするんですが、結局、同じところでまた絡まりだすのです。そして社長からは、『もう、話したってムダだよ』という言葉が出るのです」

「人間関係のもつれ」があったほうが楽だ

「だったら、瀬戸さんの今の気持ちをそのまま言ったらいい。『もう会社も仕事も辞めたいんだ、逃げたいんだ』とそのまま言ったら、『話したってムダだよ』なんて言っていられなくなる。話さなきゃ困ってくるんじゃないですか。社長のほうが……」

結局、そのことに一歩踏み出せていない彼女を感じて私がこう言うと、彼女はこう答えた。

「一つには、そういうことを言って社長につらい思いをさせたくない気持ちがあります。もう一つは、例えばこの状況下で自分が辞めて逃れたときに、本当の自分は楽になるだろうか、とよく考えたんです。そして、もしそうなったとしても少しも楽にはならないことに気付いたのです。自分の中で社長を見捨てた、家族を見捨てたという思いに駆られたときに、たぶん今より苦しくなるだろうということに気付いたのです。私が一歩踏み出せないのはそこです」

しかし、何とか打開しなければならない。瀬戸さんの場合、表面上の「人間関係のもつれ」に対して「葛藤」が非常に大きいのだ。心の苦しさから言うと、「葛藤」が大きいほど苦しくなる。むしろ、この場合、思いっきり「人間関係のもつれ」があったほうが楽なのだ。

「もうひと思いに逃げたいです、誰も知らない南の国とか行って骨を埋めたいぐらいな気持ちです」

そう吐き捨てる彼女。

「でも、経営者はもっと逃げられないからね」

私にも、レストランを七〇店舗まで拡大し全国展開した経営者としての経験がある。だから経営者や社長の気持ちも痛いほどわかる。私は、

「社長だって本当は、『俺、もう辞めたいよ』と言いたいかもしれないよ。でも誰にも言えない。だから、今こそあなたが本当の意味で身内になってあげて、『本当は辞めたいんだよ』って社長が素直に弱音や愚痴を吐けるような環境を作ってあげたらいい」と伝えた。すると、

「もっと近づいたほうがいいのでしょうか」と、彼女は言った。

「社長の話を聞いてあげてください。何を言っても慌てず動揺しない。何か言ったこ

とで、すぐどうのこうのと動くわけじゃないから。ああそういうふうに思ってるんだ、ということで心の隅に置いとけばいい」

相手に聞いてみると、こちら側がまったく思いもよらないことを言う可能性もある。社長に対して瀬戸さんが自分でこうだと思っているのは自分でそう思っているだけで、全然違う可能性があるのだ。

「相手が実際に言ったところから出る判断」と「自分が想像して、きっとこう思っているだろう」という判断とは違うのである。

「私、結構ワガママで自己主張が強いので、つい嫌なものは嫌とはっきり言ってしまうところがあります。つい本音が出たとき、相手をグサッと刺してしまうような言い方をするみたいで、義兄も怖くて本音が出せなかった。そんな気がしています」

「そうだよね。何か綱渡りみたいだね。ちょっと何かあったら落ちそうな感じ。『触らぬ神に祟りなし』のような感じでお互いにやっている気がしますね」

「そうです。本当にそうです」

究極の処方箋β

心の耳を使って相手の気持ちを聞く

人間関係における「葛藤」を生み出さないためには、「他人の心の中を勝手に決めつけない」ことが大切である。

実際に相手に心の内を聞くように心がけよう。

相手が何を思い何を考えているのか、心の耳を澄まして受け止めることによって、良好な人間関係を築くことができるのだ。

心の耳で聞くというと、何だか難しそうに聞こえるかもしれないが、どんな動物でも備わっている能力なのだ。

人間以外の動物は言葉を持たないため、心でコミュニケーションしているのである。言葉や文字を持った人間は、それが唯一、最高のコミュニケーション手段であると勘違いしているだけなのだ。文明によって麻痺させられていて、人間は心の耳の存在を忘れているだけなのである。

コミュニケーションの基本は心であることを認識しよう。誰しも、心の耳を持っているのだから、それをうまく使ってコミュニケーションをしてみよう。

自分にも立場があるように、相手にも立場がある

ここまでのやりとりを聞いて、同席していたプロローグから登場している小野さんが言った。

「瀬戸さんの社長を私として見たときに、私が職場の人間関係の確執で苦しんでいるとき、隣にいた同僚の女性との関係と、すごく良く似ているなと思いました」

私が人の悩みや問題について何人かで話し合っていると、このようなことは頻繁に起こる。つまり、偶然居合わせた人が答えを持っていることがあるのだ。数人が同席して被害者的な相談を受けていると、同じ状況の加害者的相談者がその場にいるのだ。第三者のやりとりを聞いているうちに、今の自分の問題解決の答えが得られると

いったようなことだ。

続けて小野さんは言った。

「その彼女の反応が怖いわけなのです。言葉を発した瞬間に、すごい形相と言葉や態度が返ってきますから。だから第一声が発せられないのです。言葉をかけたいし、仲良くなりたいし、自分に悪いことがあるから直したい、だけども、口が開けない……。三カ月くらいそういう状態で、心の中の対立というか生殺し状態で、毎日がすごく苦しかったです。常に今日こそはと思い、『おはようございます』まではいいんですけれど、次の言葉が出てこないんです」

「そうです。私の社長も同じように探っています」と、瀬戸さんが言う。

小野さんの発言で、お互いのコミュニケーションを阻害していたのは、瀬戸さん自身の表現に原因があったことを自覚し始めたようだった。

「社長が求めていることが私にできなかったとき、『ごめんね、気付いてあげられなくて。でも社長は何言ってるかわかんないし……』となって、結局またケンカになってしまうのです。最初から今みたいに説明してくれたらできたのに、って……。私、どんどん責めるんですよ、社長を……」

相手の話が理解できなかったら、自分で整理してみるといい。「今、社長が言ったのは、こういうことでしょうか」と整理してあげる。それを訓練すればいいのだ。訳がわからないことを、なるべくわかるようにする訓練だと思えばいいのだ。

聞く方が訓練なのである。相手の話し方の訓練を願わないことだ。

社長が訳のわからないことを言ったら、「おお、難題が来たな。私が進歩したから難しく言っているんだな！」そういうチャンスだと思えばいい。

こうして、実際に相手との接触を持つためにコミュニケーションの場面を意識的に作っていくことが「葛藤」を生み出さないポイントなのだ。

私は「何が起きてもどうってことない、という気持ちでやるのです。黙っていても問題は出てきてしまうのです。だとしたら自らの意志で早めに問題を出したほうがいいのです」と伝えると、

「はい、やってみます」

そう言った瀬戸さんの表情からは「葛藤」が解きほぐれつつあるのが見てとれた。

究極の処方箋Y
相手に願わず自分から変わる

「相手が変わることを求めない」ことが肝心である。

まず、自分が変わることを選択して、自分が変わることに集中すること。自分を改善することができれば、世界がこれまでとまったく違って見えてくるだろう。自分に課せられた仕事が難題であればあるほど自分は認められたと思えばいいのだ。自分を変えるチャンスを与えられたと思えばいいのである。

だから、相手はそのままでいいのだ。

自分だけを変えればいいのである。

何か偉大なる力が働いて、あなたが人生において必要な学びをするために、「この人と、こういう訓練をしなさい」と、目の前の人との関係を与えてくれている。

そう捉えるのである。

これは真実である。

ACT 3

あなたへの究極のメッセージ

人生の目的はすばらしい人間関係の構築にある

人間関係というのは、人対人だけではない。

あなたが一人でじっと考え事をしてる時でも、あなたは「あなた自身」という人間と向き合っているのである。

すなわち、自分との人間関係が存在するのだ。

だから、他人との人間関係の関わりがなく、一人でじっとしていても悩む人は悩むし、落ち込む人は落ち込むのだ（その一方で、一人でじっとしているだけでも、どんどん明るくなっていく人がいるのも事実）。

人間関係の問題や悩みから逃れようとして、そこから目を背けたり、環境を変えたり、すべての人間関係を断絶して一人になったとしても、問題や悩みは解決しないということなのだ。

ところが、どんな状況であっても、どんな人であっても人間関係のトラブルを解決できる究極の処方箋がある。

実は、あなたがどんなに人間関係がうまくいかなくて、問題がたくさんあって悩んでいたとしても、間違いなくあなたの中にすべてを解決できる答えを持っている「本当の自分」が存在しているのだ。

その「本当の自分」というものは、愛そのものであり、すべての人に感謝できるすばらしい心なのである。

そのすばらしい、完全で完璧な心があなたの中にすでに内在しているのである。

それはあなたが、そのことを知ろうが知るまいが、信じようが信じまいが、事実であり真実なのだ。

完全無欠な「本当の自分」が存在するのに、それを「不完全にしか見ることのできない心」で覆い隠しているのである。

「本当のあなた」は、悩んでいないし、迷ってもいない。

「本当のあなた」は、すばらしく、完璧なのである。

では、完璧なのに、どうして悩むのだろうか？

「人間関係の問題で悩む」ということは、あなたの中の「本当の自分」があなたに向けて送っている、「あなたの人との関わり方は間違っていますよ」というメッセージなのである。

あなたの人との関わり方、つまり人間関係が間違っているか、合っているかを正確に判断し、あなたにそのズレを気付かせるために教えてくれる、完璧なる「本当の自分」があなたの心の奥底にすでに存在しているということだ。

あなたは、もともと完璧なのだが、完璧だということを、完璧の中では認識できないでいる。

例えば、自分が白だということは、周りが白いときにはわからない。黒の中にいて、自分が白だということに気付かされる。また、あなたが光だとしたら、光の中にいたらわからない。暗闇の中にいてはじめて認識できるのである。

私たちは、その対照物をもって、ものごとを認識できるのだ。

これらと同じように、あなたが完璧だということを、「不完全な人間の心に映る事象」が対照物になって認識できるのである。

その完璧さの認識の過程こそ、「問題で悩む」ということなのである。

あなたが、悩んだとき、悩んでいるとわかるのは、悩んでいない完全なあなたが存在するからなのである。

「私は人を心から愛したことがないんです……」そんなことを言う人が時々いる。

人を愛せない人が、幸運な人生を歩めるはずがない。人を愛せないのは、自分を愛していないからである。

自分を愛していない人が、どうして人を愛せるだろうか。

人を愛するために最初にやることは、自分を好きになることである。

自分自身を好きになった時、初めて人を愛することができるようになるのだ。

自分自身を愛せるようになるためには、自分自身の長所を発見していくことである。自分の長所を発見していけば、自然と自分を好きになっていける。「こういう、いいところもあったんだ」と発見していくのだ。そして「できたじゃないか」「やれたじゃないか」と、自分を認めてあげるのだ。

いきなりハードルを高くせず、少しずつ上げていこう。そして、一歩ずつ「またできた」「またできた」……と自分を褒めてあげよう。

私自身も、若い頃は大変なコンプレックスを持っていた。欠点だらけの自分のことがあまり好きではなかった。鏡で顔を見ても「顔が悪い、背が低い」「育ちが悪い、学歴がない……」「こんな男はモテないだろうな……」と思っていた。そういう表面的なことにこだわっていた。

しかし、私もある頃から、自分自身の才能を見出すように心がけた。一枚一枚、皮をむくようにして、自分自身を探求していったのだ。自分のいいところを一歩一歩、発見していったのである。

すると、他の人には真似できないものを見出せるようになってきた。また、私はもともと、ものすごい人見知りだった。そこで、あえて知らない人に声をかけるような訓練もした（駆け出しのサラリーマンの頃）。最初は恥ずかしくて、まったくできない。誰にでもすぐに声をかけられるような人の気が知れなかった。

しかし、一歩一歩の訓練が、徐々に人に声をかけられる自分を作っていった。考え過ぎたら何もできないから、何も考えないようにして実行に移したのだ。

恥ずかしさを克服する時間はかなりかかった。しかし、そうやって少しずつ恥ずかしさを克服していったのだ。その積み重ねで、今では何百人の前でも堂々と話をすることができるようになった。私自身も、少しずつ自分を認め、自分を愛せるようになっていったのだ。

その過程で、自分を愛せるようになる究極の方法が「本当の自分」を知ることだ、ということに気付いたのである。

「本当の自分」は、すべての人を愛せる心である。

すべての人は、愛そのものの心を持っている。

自分も人も、愛する心を持つことこそが、最高の人間関係を構築する道であり、最高の人生を送ることができる最大の鍵なのである。

究極の処方箋Ω
「本当の自分」

この究極の処方箋である「本当の自分」のことを、私は、真《まこと》の我《われ》と書いて「真我《しんが》」といっている。

この「本当の自分」、つまり「真我」に出逢うことが、どんな悩みや苦しみや迷いや、どんな問題もたちどころに解決する究極の処方箋なのである。

「自分はいったい何のために生きているのか」

「この人生で、自分は何をやったらいいのか」

「どうして、自分はこんなに人間関係で悩み、苦しむのか」

そんな人生の大きな問題の答えを、あなたの心の一番奥にある「真我」はすでに持っているのである。

今、私のところには、悩み、苦しみの解決策を求め、または、本当の人生の道を見つけるために、多くの人々がやって来る。

私は、そういう人に、そのことをきっかけとして、「本当の自分」に目覚め、その「本当の自分」ですばらしい人生を実現していただくためのお手伝いをしている。

そして、これからの人生を「本当の自分」で生きることを、自分の生まれてきた役割として受け止め、全力で取り組むようにアドバイスしている。

「真我」という「本当の自分」は、あなたの中にもともとある。だから、私は何も教えることも、強制することもしない。何かの特定の教義も思想も存在しない。当然、何かの運動グループでも宗教団体でもない。いわゆる宗教とは一切かかわりはないが、あえて言うなら「真我」は、自分の内なる神さまの心といってもいいし、仏さまの心といってもいい。宇宙の心や、愛そのものの心といってもよい。

その心が、あなたがそれを認めようが認めまいが、事実・真実として、あなたの心の一番奥にすでに存在しているのである。

「本当の自分」は、もともと自分の中に存在しているから、自分の外から移し入れるものではない。

また、自分の外に存在するものでもないから、何かにすがる必要もない。もともとあるのだから、自分の中から引き出せばいいのである。

例えば、お金が大切だからといって、どんどん預けて貯め込むのではなく、あるものを引き出して使えばいいのだ。お金は貯めることに価値があるのではなく、使ってはじめて価値が発生する。これと同じである。お金を使わないでガッチリ貯めている「欲張りな自分」、「見栄っ張りな仮面を被った自分」こそ、「本当の自分」に気付かないで、人間関係のトラブルに悩んでいる人の姿なのだ。しかし、お金が十分あると気付いていなければ、引き出そうとしない。また、お金を有意義に使おうとしなければ、引き出そうとしない。引き出そうとしてはじめて、引き出し方に興味を向けることができるのだ。

あなたの中には、「真我」という無限の莫大な財産があるといっていい。なぜか、何をやってもうまくいく人。誰からも愛される人、いつも大歓迎される人、まるで向こうからやって来るように、お金にも異性にも愛される人。いつも幸せで、喜び一杯に溢れている人、そんな人は一般的に「運が良い人」といわれているが、実はみんなこの「真我」を自覚し、それを現実の生活や仕事に活かしている人である。

その事実・真実に目を向けず、あなたはまだ、外に何かを求めるだろうか。

あるのだから、引き出して、それを使うことが、あなたの人生の役割だと思って、思いっきり充実した人生を実現してみようではないか。

「本当の自分」に出逢い、「本当の自分」と最高の人間関係を構築する。そのことが、あなたの人生で出会う全ての人と最高の人間関係を築く究極の処方箋なのである。

そして、あなたは気付くだろう。
「できるって言ったのはオマエじゃないか！」そう強く叱責した上司も、
「集中すれば素人だってできるだろ」と無理難題を押し付ける営業本部長も、
口先だけで調子よく人に取り入って、自分を仲間はずれにした同僚も、
派閥争いで契約を横取りし、営業妨害する奴らも、
何度話し合いを繰り返してもわかってくれない義兄の社長も、

「みんなあなたのことが好き」だということに。

「本当の自分」に出逢った時、あなたは気付くのだ。
あなたを苦しめた職場のすべての人々、
あなたが出会うすべての人々、
そして世界中のすべての人は、
「みんなあなたのことが好き」という真実に。

エピローグ

この本は、職場の人間関係のもつれについて書いたものである。

あなたが本書を手にしたのも、きっと職場の人間関係のことで悩みがあったからではないか。

本書に登場した、小野辰男さんや瀬戸知恵さんをはじめ、相談例の方々には、あなたとどこか共通点があったのではないだろうか。

また、あなたの職場にも、彼や彼女と似たようなパターンで苦しんだり、悩んだりしている人もいることだろう。

そして、彼らの人間関係の悩み相談に対して私が伝えたアドバイスには、あなたの人間関係の悩み解決につながるヒントがきっとあったはずだ。

私が本書で紹介した処方箋は、普遍的な法則である。状況に応じて実践すれば、当然あなたの悩みは解決されていくだろう。

ただし、私たちの目の前に現れた状況は似ていたとしても同じものは世界のどこにもない。つまり、あなたという人間は、世界であなたしかいないのである。

あなたは、両親に育てられ、先祖からの命が連綿と引き継がれて誕生した。

あなたは、さまざまな人との縁によって、あなただけの体験や経験を積み重ねてきた。

そして今、この瞬間に、この本を手にし、このページの文章を読むあなたがいる。

そうした独自の人生経験の中で形成されたあなたが、現在の職場の人間関係を問題にしたり、葛藤に苦しんだり、人間関係のもつれに悩んでいるのだ。あなたの悩みを解決する答えは、あなたしか持っていないのである。

だから、その意味では、処方箋（アドバイス）は参考にすぎず、あなた自身が実行して初めて本当の答えが出るものだということを、ご理解いただきたい。

確かに、その仕組みや解決方法を知っただけでも、気持ちが軽くなり、晴れやかな気分になることもあるだろう。

しかし、知っただけではあまり意味がない。いや、知っただけで実行が伴わないのはむしろ危険である。

なぜなら、「知っているのにできていない」という自分の現状とのギャップに悩むことになるからだ。

また、実行しない結果、頭の中で「でも、こんなことしてまた叱られるんじゃないか」とか、「こう言ったら、さらに状況は悪化するのではないか」などといった妄想だけが膨らんでしまい、身動きが取れなくなってしまうからである。

あなたがじっとしていても、逆に頭の中はじっとせず、暴れ馬のように妄想が暴走し始めるだろう。

今、あなたが抱えている人間関係のトラブルを解消するには、とにかく、本書で掲げた処方箋（アドバイス）の中から、自分に当てはまるものを選び出し、それを実行していくことである。

一つでもいいから、実践してみよう。

まず一歩を踏み出して欲しいのだ。

そうすれば、あなたの人間関係の悩みなど、あなたが想像している以上にカンタンに解決してしまうという体験をきっとしていただけるはずだ。

あなたが直面した「人間関係の悩み」は、あなたの人生にとって本当に悪いものだったのだろうか？

もし、あなたにそういう問題がなければ、きっと、この本も手に取らなかっただろう。また、あなたはその問題があったことがきっかけで、自分の生き方や考え方を深めるようになったのではないか。

人生の時間のうち、人はその大半を仕事に費やす。

仕事は何のためにするのだろうか。

ただ単に給料を稼ぐためだろうか。

仕事をする上で、「仕事そのものを遂行すること」はもちろん大事だが、実は「良い人間関係を築くこと」も同じくらい大事なのである。

人間関係がうまくできない人は、仕事ができない人なのだ。

その人間関係をどうしたらうまくスムーズにできるのか、ということが本書をお読みになって、ご理解いただけたと思う。

そして、良い人間関係を築くことは、人間としてこの世に生まれてきた「生きる目的」でもあるのだ。

一言で人間関係といっても、お客様も人間、働いている従業員も人間、社長も人間、新入社員も人間、すべてが人間なのだ。

仕事を通して、そのすべての人対人を、調和のとれたすばらしい人間関係にしていくことが、人生の目的でもあるのだ。

あなたは是非、この本をきっかけにして、あなた自身の人間性を高めると同時に、人との調和を図っていってほしい。そうすることによって、あなたの人生そのものがすばらしく輝いて、喜びいっぱい、幸せいっぱいに毎日毎日を暮らすことができるようになることだろう。それがこの本の目的でもあるのだ。

決して単なる人間関係のもつれや、悩みを解消するだけの本ではない。あなたの生き方、あなたの人生、そしてあなたの家族すべてがすばらしい天国になるのだ。

そして、あなたがいつの日かこの世から去るときに「私の人生は本当に良い人生だった、もう悔いはない」と心から思えるようになるためには、どうしても人対人との人間関係が欠かすことのできない要素なのだ。

本書に登場した小野辰男さん、瀬戸智恵さん、他の相談者の方々、それぞれの「人間関係のもつれ」がきっかけとなり、このことを通してみなさんが「本当の自分」に出逢うことになっていった。そして、それぞれの職場の人間関係がすばらしく調和のとれた天国になっていった。さらにその心で家庭に向かい、家庭の人間関係もすばらしい天国に変えていった。

まさに、問題だと思っていた人間関係のもつれのお陰で、人生でもっとも大切なことに気付くきっかけとなり、仕事や家庭の人間関係も、また、経済も心と身体の健康も結果的に手にしていったのだ。

人間関係の悩みを、みごとに財産に変えていったのだ。

私たちは日頃さまざまなことで悩んだり、苦しんだり、求めたり、もがいたりしている。実はその姿は、「本当の自分」を見失ったあなたが、その本来の自分を見つけだそうとしている過程なのだ。あなたが直面する「葛藤」も「人間関係のもつれ」も「本当の自分」に目覚めるためのきっかけにすぎないということを理解していただきたい。

人は何のために生きているのか？

それは、自分の役割を果たしきるために生きているのだ。

そのためには、いち早く日常生活の実践をとおして、今の自分と「本当の自分」とのギャップを埋めて、「本当の自分」に目覚めることである。

そして、その「本当の自分」をもってこれからの人生、この世界におけるあなたの役割・使命を遂行していこう。

私は、この「本当の自分」を発見するお手伝いをするために『心の学校』を主宰し、「自分が自分を愛せるようになる講座」を約三〇年にわたり開講している。

私は、自分の使命として、本書で紹介したような悩みや苦悩を抱える人を、その講座を通して、「本当の自分」に導くお手伝いをしている。

もし、あなたも自分を本当に心から好きになりたかったら、私に逢いに来てほしい。きっとあなたが、「本当の自分」に出逢う最高のお手伝いができると確信している。

本書を通して、あなたの職場が天国になり、またその経験を「本当のあなた」への目覚めの貴重な財産にしていただけたら、著者としてこの上ない幸せである。

ここまで真剣に読まれたすばらしいあなたに、是非いつの日かお逢いできることを心より楽しみにしている。

佐藤康行

※本書は二〇〇七年四月に小社より刊行された
『大丈夫！みんなあなたのことが好き』を改題・一部修正したものです。

佐藤　康行（さとう・やすゆき）

1951年北海道美唄市生まれ。心の学校グループ創立者。
15歳で単身上京し、夜間高校に通いながら大企業の社員食堂で皿洗いに就く。飲食店経営者になる夢を持ち、極端に内気な性格を直してその夢を叶えるため社員食堂を辞めフルコッミション営業マンへ。二十代前半で宝飾品、教育教材のセールスで日本一、世界一の営業実績を上げ、貯めた資金でステーキレストランを開業。その後全国70店舗のチェーン展開をするも、心のどん底に落ち込み、死の一歩手前をさまようなか「自分は何のために生まれ、生きるのか」の境地を悟り、どん底からの生還体験によって『本当の自分＝真我』を引き出す「真我開発講座」を編み出す。その講座を自社の研修に取り入れ、目覚ましく変化する参加者を目の当たりにして確信を深め、真我開発に人生を賭けるべくレストランチェーン経営の一切を手放し、佐藤義塾（現：心の学校グループ　アイジーエー株式会社）を設立。約三十年にわたり「本当の自分＝真我」に目覚めることを伝え続け、同時に職場、家庭、夫婦男女等の人間関係、うつ、引きこもりといった心の問題、さらに借金などのお金問題、ビジネス、経営等の各種研修講座を主催し、これまで十五万人以上の人生を劇的に好転させている実証例を持っている。『ダイヤモンド・セルフ』『「本当の自分」があなたを救う』など著書は70冊超。

【心の学校・アイジーエー】
http://www.shinga.com

仕事の80%は人間関係で決まる

2015年3月20日　第1版第1刷発行

著　者　佐藤康行
発行所　株式会社アイジーエー出版
〒103-0027　東京都中央区日本橋3-4-15
八重洲通ビル6F
電話　03-5204-2341
FAX　03-5204-2342
ホームページ　http://www.igajapan.co.jp
Eメール　info@igajapan.co.jp
印刷所　シナノ印刷株式会社

ISBN978-4-903546-21-6 C0034

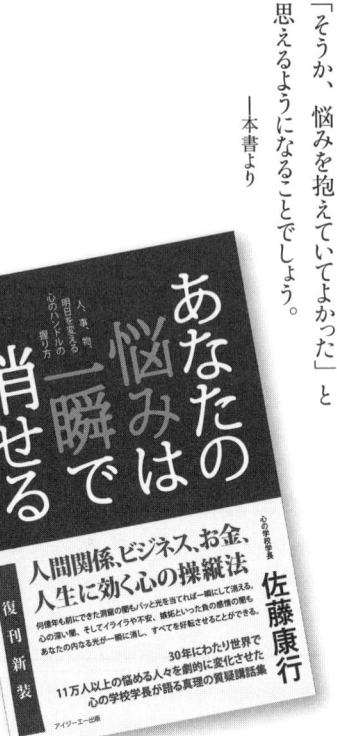